Ludwig Mittermaier

Theodor Neuhofer's Leben, Reisen und Schicksale im Morgen- und Abendlande

Ein Lebensbild für die reifere Jugend und Erwachsene

Ludwig Mittermaier

Theodor Neuhofer's Leben, Reisen und Schicksale im Morgen- und Abendlande
Ein Lebensbild für die reifere Jugend und Erwachsene

ISBN/EAN: 9783743331815

Hergestellt in Europa, USA, Kanada, Australien, Japan

Cover: Foto ©ninafisch / pixelio.de

Manufactured and distributed by brebook publishing software
(www.brebook.com)

Ludwig Mittermaier

Theodor Neuhofer's Leben, Reisen und Schicksale im Morgen- und Abendlande

Theodor Neuhofer's
Leben, Reisen und Schicksale

im

Morgen- und Abenblande.

Ein Lebensbild

für die

reifere Jugend und Erwachsene.

Von

Ludwig Mittermaier,

Verfasser der Jugendschriften: „Die Gräfin von Seeburg." „Das Leben eines Heimathlosen." „Der Sohn der Griechin." „Die Familie Seehofer" ꝛc. ꝛc.

Dritte, umgearbeitete, verbesserte und vermehrte Auflage der Erzählung:

„Das Buch vom ewigen Juden."

Mit einem Stahlstich.

Augsburg, 1868.
Verlag von Lampart und Comp.

Vorwort zur zweiten Auflage.

Als wir dieses Buch im Jahre 1846 zum erstenmale dem Publikum übergaben, hatten wir den Titel: „Das Buch vom ewigen Juden" gewählt, weil gleichsam durch dieses Buch der Held unserer Erzählung auf seinen Lebensberuf geleitet wurde.

Bei vorliegender zweiten, von uns ganz umgearbeiteten Auflage fanden wir, daß wohl das Ganze doch biographienartig behandelt, mit ebendemselben, ja mit mehr Recht der Hauptperson an der Stirne stehen dürfte.

Dies zur Rechtfertigung des neuen Titels.

Unterhalte dich mit dem Buche, soviel du kannst, und laß dir nur bemerken, daß die Hauptlehre des Büchleins — „Festhaltung an Gott und Beherrschung deiner selbst," dir jedenfalls reiche Früchte tragen wird, wenn du treu darnach handelst.

Siehe der Schreiber dieser Zeilen weiß dies aus eigener Erfahrung, er erlebte schon viel des bittersten Erdenleides, aber auch viel Trost, und Gotteshilfe zur rechten Zeit!

Gewiß wirst du dich wie er an dem Sprüchlein eines eblen vielgeprüften Freundes mit erbauen, das ich dir gerne, nicht nur auf's Papier, sondern auch in's Herz schreiben möchte:

In Glück und Unglück,
Noth und Tod,
Trau' und vertraue deinem Gott.

L...... im Februar 1853.

Der Verfasser.

Erstes Kapitel.

Der Unterricht.

Ein lieblicher Sommerabend hatte sich hernieder ge-
senkt auf ein stilles Waldthal, als auf dem mit Brom-
beersträuchen und Waldpflanzen überwachsenen Weg ein
Mann daher kam, der eine gefüllte Jagdtasche auf dem
Rücken und ein Schießgewehr am Riemen über der Schulter trug.

Rüstig schritt der Mann daher, begleitet von einem
Hunde, der manchmal laut zu bellen begann, wenn er
irgend ein Wild witterte, und eben trat er aus einem
Hohlwege, als ihm fröhlich zwei Kinder von acht bis
zehn Jahren entgegensprangen und den nahenden Jägersmann mit lautem Jubel empfingen.

„Ei, Vater," rief das ältere der Kinder, ein Knabe,
aus, „kommst du endlich? schon glaubten wir, du hättest
dich im Walde verspätet und würdest in irgend einer
Köhlerhütte übernachten."

„Gerade," fiel das andere Kind, ein holdes Mädchen, dem Bruder in die Rede, „sagte ich: heute kommt
unser Vater nicht mehr, wir wollen heimkehren, als wir
den Sultan bellen hörten und daraus merkten, daß du
auch nicht mehr ferne sein könntest."

Der Vater gab den Kindern die Hand und sprach:
„Ja, meine Lieben! heute glaubte ich fast nicht mehr
nach Hause zu kommen, denn es waren Diener des
Grafen, unsers gnädigen Herrn, im Walde und sagten
mir auf morgen eine große Jagd an; ich begleitete sie

ehrenhalber eine Strecke weit, und am Rückwege spürte Sultan einen Auerhahn auf, den ich schoß und den ihr bald sehen werdet."

„Ach, liebster Vater!" rief der Knabe frohlockend, „zeige ihn mir doch sogleich, du weißt ja wohl, daß ich noch nie einen sah und mich schon längst darauf freue." — Ich kann deinen Wunsch erfüllen," versetzte der Vater, „doch bemerke ich dir, daß es hier eine schöne Gelegenheit gäbe, deine Neugierde zu beherrschen. Pater Cölestin, dein Lehrer, erklärte dir schon öfters, daß der Mensch seine Wünsche und Begierden im Zaume halten muß, wenn er ein nützliches uud brauchbares Glied der menschlichen Gesellschaft werden will."

Betroffen schwieg der Knabe und alle drei verfolgten schneller ihren Pfad der heimathlichen Wohnung zu, die von allen Seiten mit großen Forsten umgeben am Fuße eines Berges stand, dessen Höhe die moosbewachsenen Trümmer eines Römerthurmes schmückten. *)

Sie betraten, von dem freudig an ihnen aufspringenden Hunde begleitet, so eben eine Waldwiese, als die Sonne hinter den hohen Tannengipfeln unterging, und bevor sie noch ihre Wohnung erreicht hatten, sank schon die Nacht auf den stillen Wald hernieder und manchmal ließ sich eine schwirrende Fledermaus sehen oder eine kreischende Eule hören. Der Mond war mit glänzender Pracht aufgegangen und beleuchtete die Heimkehr des Vaters und seiner guten Kinder, vor denen endlich auf mäßig großer Ebene die Jägerwohnung lag, und hell strahlten die Fenster der Wohnstube vom Lampenlichte.

Sultan fing grüßend laut zu bellen an, auf welchen

---

*) In allen Ländern, wo die Römer einst herrschten, errichteten sie auf Hügeln und Bergesspitzen feste Wachtthürme, theils zur Vertheidigung der Gegend, als auch um mittelst Feuer- und Rauchzeichen eine wichtige Nachricht pfeilschnell den Standlagern ihrer Heere und den Hauptstädten der Provinzen mitzutheilen. Solche Römerthürme findet man noch zahlreich, sowohl in Ruinen als auch noch wohlerhalten in ganz Deutschland, Frankreich, Spanien und England.

wohlbekannten Laut die in den Ställen des Jägerhauses
untergebrachten Hunde ähnlich antworteten, und die kleine
Gesellschaft wurde von der freundlich milden Hausfrau
freudig empfangen. Bald stand ein kräftiges Nachtmahl
auf dem Tische, das sich Alle wohl schmecken ließen.

Nach dem Essen brachte die Frau ihrem Manne
ein Glas Landwein, und er erzählte ihr die Vorfälle
des heutigen Tages, fragte nach dem Betragen seiner
Kinder und da er mit demselben zufrieden sein konnte,
zeigte er ihnen den Auerhahn.

„Von meinen Jägerburschen,“ sprach er zu seiner
Frau, „wird heute keiner mehr nach Hause kommen.
Einige blieben in der untern Waldhütte, die andern sind
mit dem Kammerdiener des Grafen in die Stadt gegangen,
um die Gewehre zur morgigen Jagd in Bereitschaft zu
setzen.“

Die Kinder, durch den langen Abendspaziergang
müde und schlaftrunken geworden, gingen, nachdem sie
ihr Abendgebet verrichtet hatten, zu Bette, wir aber
wollen indeß ihren Vater mit seiner wackern Hausfrau
über mancherlei reden lassen und unsern lieben Lesern
mittheilen, wer diese beiden eigentlich sind.

Der große Wald, in dem wir unsere Erzählung er-
öffneten, an den Ufern des Rheinstroms gelegen, gehörte
einem reichen Grafen, der jedoch sein Schloß selten bewohnte und es vorzog, einen angesehenen Posten im Hof-
staate eines mächtigen Fürsten zu bekleiden, im Uebrigen
seinen Unterthanen ein milder und gütiger Herr war.

Diesen Grafen hatte unser Jägersmann auf Reisen
begleitet und hierdurch vielfach Gelegenheit gefunden, sich
nicht nur die vielseitigsten Weltkenntnisse zu erwerben,
sondern sich auch durch treues, rechtschaffenes Betragen
bei seinem Herrn unentbehrlich zu machen.

Nach beendigten Reisen war der Graf gegen seinen
Begleiter auch dankbar, und wie er nach seines Vaters
Tode die ausgebreiteten Güter übernahm, ernannte er
seinen treuen ergebenen Diener zum Förster des Waldes,
in dem wir ihn getroffen haben.

1*

Da diese Stelle mit einem anständigen Gehalte ver=
bunden war, so konnte Berchtold Neuhofer, so hieß
der neue Förster, sich Glück wünschen und er that dies
auch und dankte Gott, der ihm so unerwartet eine un=
abhängige Lebensstellung zugewiesen hatte. Man pflegte
ihn im Umgange schlechtweg Förster Berthold zu nennen,
unter welchem alten trauten Namen, obwohl ihn einige
auch Berchtold zu schreiben pflegen, wir ihn auch im Laufe
dieser Erzählung bezeichnen wollen.

Der Berthold befand sich nun sehr wohl in seinem
neuen Posten, waren doch schon sein Vater und Groß=
vater Jägersleute gewesen, er selbst im Walde aufge=
wachsen, und so konnte das alte Sprüchlein: „Der Apfel
fällt nicht weit vom Stamme,“ leicht wahr sein. Er
verstand zudem sein Geschäft durchaus, und da er damit
Lust und Eifer verband, war es kein Wunder, daß ihm
Alles wohl von statten ging. Er heirathete später ein
braves Mädchen, mit welcher er in steter Eintracht und
Zufriedenheit lebte, und sein häusliches Glück vermehrten
noch zwei blühende Kinder. Wir kennen diese bereits,
sie heißen nach ihrem Taufnamen: Theodor und Rosalia;
ihr Vater strebte sie in allen christlichen Tugenden zu
unterrichten, um sie zu brauchbaren Menschen auf Erden
und einstigen Himmelserben heranzuziehen.

Theodor vereinigte mit großen geistigen Anlagen
und einem außerordentlichen Gedächtnisse leider auch eine
große Flatterhaftigkeit, die dem sorglichen Vater manchen
Kummer machte. Rosalia, seine Schwester, war ein
stilles, einfaches Kind, das Ebenbild ihrer guten Mutter.

Berthold sah bald ein, daß seine Zeit allzu be=
schränkt, sein Wissen zu lückenhaft sei, um allein die Heran=
bildung seines hoffnungsvollen Sohnes zu leiten, und er
dachte daher bald darauf, ihm einen bessern Lehrer und
durch denselben einen vollkommeneren Unterricht zu Theil
werden zu lassen.

Am andern Ende des Waldes stand ein altes ehr=
würdiges Kloster, dessen Bewohner Mönche waren, die
nach der Regel des heiligen Benediktus lebten, eines

Ordens, welchem die Welt (welche die wahren Verdienste oft sehr selten und alsdann immer zu spät anerkennt), Vieles zu verdanken hat. Vor Jahren war Berthold öfters in Geschäften des Grafen, welcher Schirmvogt des Klosters war, dort gewesen, und noch erinnerte er sich eines Jugendfreundes, welchen Durst nach Wissenschaften und innerer Vollkommenheit in jenes Kloster geführt hatten. Pater Cölestin und seine Freundlichkeit, Menschenliebe und Erfahrung wollte ihm nimmer aus den Gedanken, und so pilgerte er nach den Klosterhallen und bat den Guten um seinen Rath.

Pater Cölestin war hocherfreut über den Besuch seines Freundes und dessen Anliegen und sprach nach einigem Nachdenken: „Das Beste, was zu thun wäre, bestände darin, deinen Theodor hier unter meiner Leitung im Kloster zu erziehen; doch nicht nur Verhältnisse, sondern auch mancherlei Bedenklichkeiten sind der Ausführung dieses Gedankens hemmend im Wege. Ich will aber den Herrn Abt bitten, mir zu gestatten, wöchentlich einige Male mich in deine Wohnung verfügen zu dürfen, um deinen Knaben im Wissenswerthesten zu unterrichten. Da ich schon seit einiger Zeit kränkle und unser heilkundiger Klosterbruder Bonifazius mir Bewegung anrieth, so zweifle ich nicht an der Gewährung deines, nun auch meines Wunsches!"

Der würdige Abt, ein edler und verständiger Ordensmann, ein Freund jedes aufblühenden Talentes, gab gerne seine Zustimmung und sprach auch die Bewilligung aus, daß, wenn Cölestin es für die Fortschritte seines Zöglings angemessen erachte, derselbe zu jeder Zeit im Kloster Aufnahme finden sollte.

Der hocherfreute Vater Berthold entfernte sich, nachdem er seinen Dank gegen die guten trefflichen Männer ausgesprochen hatte, mit gerührtem Herzen, und von nun an kam, wenn es irgend die Jahreszeit erlaubte, Cölestin regelmäßig die düstern, einsamen Waldpfade auf friedlichem Maulthiere einhergeritten und unterrichtete Theodor in der reinlichen Wohnstube, von welcher man eine herrliche Rundschau in den grünen Wald hatte, vom Leichteren zum Schwereren fortschreitend, endlich auch in der Welt- und Sittengeschichte der Menschheit, wie in den Sprachen des alten Roms und des geistig mächtigeren Griechenlands.

Denn das einfache Lesen und Schreiben sammt dem Rechnen hatte Berthold nach seinem besten Willen dem Sohne längst beigebracht.

Mit Aufmerksamkeit vernahm Theodor die Lehren Cölestins, der nichts als eine zu große Neigung zur Zerstreuung an dem Knaben zu rügen mußte und öfters sich in die Nothwendigkeit versetzt sah, mit Ernst und Nachdruck zu demselben zu sprechen: „Beherrsche deine Sinne, halte deine Gedanken fest auf den Punkt, der dir zum Nachdenken gegeben wurde; wie oft schon sagte ich es dir, ein einziger abgeschlossen überdachter Gedanke sei besser als hundert andere, über welche du gleichsam spielend hinwegeilst."

Wohl versprach es Theodor, wohl gab er sich Mühe, sein Versprechen zu halten, doch nur selten konnte er seinen Flattersinn im Zaume halten. Sprach ihm der Lehrer von Alexander, dem kriegslustigen Könige der Macedonier, so konnte ihn sein Zögling plötzlich unterbrechen und geradezu über Lykurg, den Gesetzgeber Sparta's, zu wissen begehren, so daß es allerdings erklärbar war, wenn die Geduld des ehrwürdigen Paters öfters auf harte Proben gestellt wurde.

„Mein Lieber!" sprach er einst wieder, „wie oft schon sagte ich dir, daß die Beherrschung der Sinne und auch der Gedanken allein im Stande ist, einen tugendhaften, frommen Menschen zu bilden. Wie kann der, welcher nicht einmal seine flüchtigen Gedanken zu zähmen und zu bändigen im Stande ist, seine leiblichen Gelüste beherrschen? Und wer dieses nicht kann, der ist ein elender, verächtlicher und erbärmlicher Mensch. Oft schon erklärte ich's dir und bat dich, dein Augenmerk auf diesen Punkt zu richten, denn nur auf diesem Wege kannst du an Weisheit und Gnade zunehmen vor Gott und der

Welt. — Wenn dein guter Vater, dem du allen Gehor=
sam schuldest und der es gewiß gut mit dir meint, es
dir verbietet, eine seiner geladenen Flinten und Büchsen
zu berühren, du thust es aber dennoch, was begehst du
dann?"

„Eine Sünde des Ungehorsams," entgegnete Theo=
dor fertig.

„Und siehe!" fuhr Cölestin fort, „an deinem Un=
gehorsame wäre nur der Mangel an Ueberwindung dei=
nes Gelüstes Ursache; hättest Du festen Muthes deiner
Begierde widerstanden, so wäre es unmöglich, daß Du
in die große Versündigung fielest, das Gebot deines leib=
lichen Vaters zu übertreten. Schon die Stammmutter
des Menschgeschlechtes, Eva, sündigte im Paradiese, weil
sie ihr Verlangen nach dem Apfel nicht zu überwinden
wußte. — Wohl weiß ich, es ist schwer, Herr über alle
Regungen des Sündhaften in uns zu werden, allein es
ist möglich. Als ich ein Knabe war, hoffnungsvoll wie
du es jetzt bist, da rang ich schon, meiner Schwachheiten
und Leidenschaften Meister zu werden; siehe, Theodor!
hier zeigen sich schon die grauen Haare auf meinem
Haupte, doch wohl mir, ich kann sagen, der Mönch
Cölestin ist weit freier, als es einst der Novize war."

„Als du vorhin die unbesonnene Unterbrechung der
Geschichte jenes eroberungssüchtigen Alexander wagtest,
da befiel mich Unmuth, und ich hatte die größte Lust,
dich ernstlich zu züchtigen; doch mit Gottes Hülfe über=
wand ich auch diese Versuchung; ich gab dir dafür diese
Ermahnung und flehe zu Gott, er wolle sie dir einmal
gedeihen lassen."

Beschämt schlug Theodor die Augen nieder.

„Dein Vater," fuhr Cölestin fort, „hatte einmal
einen Jägerknecht, der sich mit der größten Ausschweifung
dem Trunke ergab, vielleicht erinnerst du dich seiner noch
unter der Bezeichnung des „Saufpeters;" er vertrank
seinen ganzen wöchentlichen Erwerb regelmäßig in dem
Weinhause der Stadt. Bald genügte ihm dieser nicht
mehr, er verkaufte all' seine Habseligkeiten, selbst die

Kleider, und nachdem er Alles durchgebracht hatte, wurde er bettelarm. So kam er eines Tages auch in's Kloster und aß mit andern armen Leuten die Bettelsuppe; ich erkannte ihn wieder, trotzdem, daß ein großer Bart sein Gesicht bedeckte und elende Lumpen, welche kaum seine Blößen bedeckten, an die Stelle der frühern schmucken Kleidung getreten waren. Ich redete ihn an und bat ihn, mir zu folgen. Verwirrt und beschämt betrat er meine Zelle, wo ich ihm wohlmeinend zusprach, seiner Trunkliebe zu entsagen, denn obwohl er jetzt, zur Arbeit wollte ihn Niemand haben, jeden Pfennig erbetteln mußte, so vertrank er auch diese, und zwar, weil ihm der Wein nun zu theuer geworden, in Branntwein. Wohl hatte er Lust, ein besseres Leben zu führen, doch meinte er, es sei ihm durchaus unmöglich, das Trinken aufzugeben; „„denn,"" sprach er, „„wenn ich nicht mein Glas Schnaps im Leibe habe, so zittere ich am ganzen Körper, ich fühle mich wie gelähmt und bin zu jedem, auch zum geringsten Geschäfte unbrauchbar.""

„Auf einmal," sprach ich zu ihm, „würde die Sache wohl nicht angehen, doch versprecht mir, täglich einige kleine Arbeiten zu übernehmen, die man Euch anweisen wird, und ich will bewirken, daß Ihr im Kloster bleiben dürft, auch Euer Glas Schnaps sollt ihr täglich erhalten."

„Dem Manne muß wunderlich zu Muthe gewesen sein, wohl mochte er das Erbärmliche seines bisherigen Lebens fühlen, weinend fiel er mir zu Füßen und versprach, sein Möglichstes zu thun, wieder ein nützliches Mitglied der menschlichen Gesellschaft zu werden."

„Leicht erhielt ich die Zustimmung des Abtes, und jeden Tag erhielt der von nun an nicht mehr „„Sauf-peter,"" sondern, was ihm besonders gefiel, „„Peter"" genannte Mensch seine Arbeit und seinen Branntwein, doch letzteren täglich in geringeren Gaben."

„Mit Gottes Hilfe ist es mir, unterstützt durch seinen eigenen Willen, seine Trunkliebe zu bändigen gelungen und er gewöhnte sich wieder an ein arbeitsames, mäßiges Leben. Der Branntwein ist ihm zum Ekel geworden und der Wein führt ihn nicht mehr in Versuchung. Durch die Verwendung des Herrn Abts erhielt er eine vortheilhafte Anstellung als Jäger, und hat sich seitdem stets der Zufriedenheit seiner Herrschaft zu erfreuen gewußt."

„Du siehst aus diesem Beispiele, wohin vernachlässigte Bändigung der Begierden führt, Du siehst nun auch, wie die Beherrschung derselben sogar den Tiefgesunkenen wieder erheben kann."

„Wäre aber dieser Mann gleich damals, als er noch bei Deinem Vater lebte, seiner Trunkliebe entgegengetreten, anstatt ihr freien Lauf zu lassen, so hätte er nicht die traurigen Erfahrungen langer Jahre machen müssen und stände jetzt gewiß auf ungleich höherer Lebensstufe."

„Gelobe mir daher, lieber Junge! in Zukunft Deine Gedanken besser zu beherrschen, bitte dazu Gott um seinen heiligen Beistand, und winkt Dir manchmal ein unschuldiges Vergnügen, so denke, es sei Dir zur Uebung gegeben, überwinde Dich, entsage ihm freiwillig, und so wirst Du zusehends die Kraft erhalten, wenn Du wirklich in Gefahr zu sündigen kommst, die Versuchung zu bezwingen und siegreich aus dem Kampfe mit dem eigenen Selbst hervorzugehen."

Lebhaft versprach dies Theodor, Cölestin nahm Abschied und bald war seine ehrwürdige Gestalt in dunklen Grün des Baumgruppen des Waldes verschwunden.

Schon am folgenden Tage zeigte sich Gelegenheit für den Knaben, sein gestern gegebenes Versprechen in Ausübung zu bringen. Die Mittagsstunde war gekommen, Alle saßen um den Tisch, da brachte man, nachdem die Suppe gegessen, Hasenbraten, ein Leibessen unseres jungen Freundes. Er konnte seine Portion kaum erwarten, und seine Augen verschlangen dieselbe gleichsam, bevor sie noch auf dem Teller war. Doch der Vater bemerkte: „Hier, Theodor! gäbe es eine treffliche Gelegenheit, Deine Begierden zu bändigen. Wie wäre es, wenn

Du heute trockenes Brod essen würdest?" — Theodor erschrack, faßte sich jedoch sogleich wieder und sagte: „Lieber Vater! ein anderes Mal." Der Vater entgegnete: „Hast Du schon vergessen, was ich Dir neulich von einem Diebe erzählte, der immer sprach: heute stehle ich zum letztenmale, morgen bessere ich mich! und der dies trieb, bis er an den Galgen kam. Der konnte der Versuchung im Momente der Gelegenheit nicht wiederstehen, und so kam es, daß der Zeitpunkt der Besserung nie eintrat."

Schweigend schob der Knabe den Teller mit der lockenden Speise von sich hinweg, doch der Vater fuhr fort: „Aber fern sei es von mir, Dich zu so etwas zu zwingen, gezwungener Dienst hat kein Verdienst. Du kannst Hasenbraten essen, so viel Du willst, doch jetzt hast Du Gelegenheit, Deine Kräfte an Dir selber zu erproben, die Dir unwiederbringlich verloren gehen kann!"

Augenblicklich langte Theodor wieder nach Messer und Gabel, schon wollte er den Bissen zum Munde führen, als er sich eines Bessern besann, den Teller mit dem Gerichte ergriff und es dem an einem Seitentische arbeitenden Schuhmacher aus der Stadt hintrug und sprach: „Lieber Meister Schuster! hier habt Ihr Wildpret, laßt es Euch schmecken!" — „Schönen Dank, mein lieber junger Herr," entgegnete dieser, „ich habe jedoch Eure Unterredung mit dem Herrn Vater angehört, und werde daher auch meine Begierden zu beherrschen suchen und den schmackhaften Braten auf heute Abend aufbewahren und ihn dann wohlgemuth als kalte Speise verzehren!" —

Alle lachten; ein Jägerbursche jedoch äußerte ganz unbefangen: „Es wäre doch etwas ganz Unschuldiges, Hasenbraten zu verzehren." — „Nicht so ganz unschuldig, als Du vielleicht glaubst," fiel ihm Vater Berthold in die Rede, „seit der treffliche Pater Cölestin meinen Knaben unterrichtet, habe ich über Manches reifer nachgedacht, und Vieles wurde mir klar, was mir früher dunkel war. Ich könnte Euch wohl über diesen Punkt eine Geschichte erzählen, da es ohnehin noch eine halbe

Stunde ansteht, bis wir unsern gewöhnlichen Gang in den Wald antreten." Alle baten ihn darum, und er begann Folgendes zu erzählen:

„Im nahen Städtchen lebte zur Zeit, als ich ein Knabe von Theodor's Alter war, ein Schneider, der sein hinreichendes Auskommen hatte, denn er war fleißig, geschickt und darum mit Arbeit überhäuft. Eines Tages deckte ihm seine Frau den Tisch und brachte ihm das Gericht, das Ihr gerade auch genossen habt, Hasenbraten. Dem Manne schmeckte das Ding, und er hatte Lust, um seine Freude vollkommen zu machen, eine Flasche Wein dazu zu trinken. Konnte man darin ebenfalls nichts Böses sehen, so hatte der Mann doch dadurch so Gefallen an gutem Essen und Trinken bekommen, daß er mit seiner nahrhaften Kost, die er bisher gehabt, und bei welcher er glücklich gewesen, nicht mehr zufrieden sein wollte."

„Jeden Tag aß er nun das Beste, was er auftreiben konnte, und der Wein durfte auch nicht fehlen; mit seinem Geschäfte ging es aber nun täglich schlechter, seine Frau starb vor Kummer und Gram, und er, der sie einst so zärtlich geliebt hatte, war jetzt froh, eine lästige Sittenpredigerin vom Halse zu haben, und führte sein Leben fort in Saus und Braus. Bald war sein Häuschen und was er an Habseligkeiten sonst besaß durch Verschwendung im Essen und Trinken aufgezehrt, und als er nun nichts mehr hatte, und die Begierde nach gutem Essen und Trinken in ihm noch nicht erloschen war, verfügte er sich zu einer Bande Wildbiebe in diesem Walde und trieb Jahre lang mit großer Keckheit dieses verbotene Gewerbe. Doch eines Tages hatte auch seine Stunde geschlagen; er wurde eingefangen und vor den Grafen gebracht, vor den Vater unseres jetzigen Herrn, der ein guter, aber gerechter Mann war."

„Seine Diener und auch mein Vater, der doch stets Verdrießlichkeiten mit dem kecken Wildbiebe gehabt hatte, sowie die angesehensten Bürger der Stadt baten für ihn, indem sie seine frühere gute Aufführung anführten."

„Der Graf ließ sich erbitten und um den Mann

vom Untergange zu retten, richtete er ihm eine Werk=
stätte ein, verbot aber seinen Jägern, dem Schneider
Wildpret zu liefern oder an denselben zu verkaufen.
Doch eines Tages, da eben eine Jagd gehalten wurde,
trafen sie den Elenden damit beschäftigt, einen Hirsch zu
tödten, dem er an seinem Lagerplatze Schlingen gelegt
hatte. Augenblicklich ward er ergriffen, und Niemand
bat für ihn."

„Am andern Tage wurde er nach der Sitte der
damaligen Zeit auf eben den Hirsch geschmiedet, den er
selbst gefangen hatte, und dieser sodann mit seinem un=
glücklichen Reiter losgelassen. Unaufhaltsam stürmte das
Thier dahin, durch Dorngebüsche und Tannengesträuche
ging der fürchterliche Ritt, und am dritten Tage, als
mein Vater eben auf der Jagd war, stürmte der Hirsch
durch das Dickicht daher, und noch lebte der arme Mensch
auf ihm. In Gottes Namen und voll Mitleid legte
mein Vater die Büchse an, empfahl die Kugel Gottes
Führung und schoß den Hirsch mitten durch die Brust;
er stürzte, doch auch der Schneider lebte nur noch wenige
Minuten, und es schien, als ob die plötzliche Ruhe nach
der pfeilschnellen, rasenden Bewegung ihm den Todes=
stoß versetzt habe.

„Mein Vater begrub ihn droben am Hühnen=Hü=
gel, und ließ ihm später, vom Grafen, dem er den Vor=
fall erzählte, dazu beauftragt, ein steinernes Kreuz setzen,
welches noch steht. — Da seht Ihr nun, daß auch die
Eß= und Trunkliebe ihre Grenzen hat. Doch das Wetter
hat sich nun aufgeklärt und wir wollen jetzt aufbrechen."

Schweigend erhoben sich Alle, Theodor konnte aber
das Bild des armen Schneiders lange nicht mehr aus
seinem Gedächtnisse bringen, und stellte es als heilsames
Warnungsbild in seinem Herzen auf.

Zweites Kapitel.

Die Berufswahl.

Unter dem Unterrichte Pater Cölestin's schwanden dem Knaben die Jahre schnell dahin. „Wohl Dir, Theodor! daß Du mit freudigem Herzen auf Deine vergangenen Tage zurücksehen kannst," hatte in der letzten Lehrstunde Cölestin zu seinem wißbegierigen Schüler gesagt.

Einige Tage darauf kam Pater Cölestin wieder in dem einsamen Waldhause an. Theodor befand sich, wie die Mutter sagte, auf dem Berggipfel droben, um mit der am alten Thurme befestigten Glocke zu läuten, mit deren weitschallendem Tone man gewöhnlich die ferne vom Hause Beschäftigten zum Essen zu rufen pflegte.

Die Mutter wollte Theodor holen, doch der Pater wehrte sanft ab und sprach: „Laßt es gut sein, beste Frau! es wäre wirklich Schade, wollte man den herrlichen Tag im Stübchen zwischen den vier Wänden zubringen; ich habe daher im Sinne, heute die Unterrichtsstunde droben in den Ruinen abzuhalten."

„Auch recht, hochwürdiger Vater!" sagte die Hausfrau, „Erfrischungen will ich Ihnen durch meine kleine Rosalie hinaufsenden."

Langsam erstieg Pater Cölestin den hohen Berg. Vor dem aus wuchtigen Quadern hoch aufgeführten Thurme war ein freies Plätzchen, still und traulich, und durch üppige wachsende Gesträuche schatticht und kühl, dort fand der Lehrer seinen Schüler.

Dieser lehnte an dem Stamme einer wilden Kastanie und blickte mit trunkenen Augen in die Welt hinaus, und auch Cölestin war unbemerkt von dem in sich versunkenen Knaben an einen Fleck getreten, von dem er die Aussicht mit genießen konnte.

Herrlich von der Sonne bestrahlt breitete sich unter ihren Füßen das Thal aus, begrenzt von allen Seiten von waldigen Höhen, doch über dieselben schweifte, da

der Berg sie alle überragte, das Auge noch weit hinaus
in das Land. Da breiteten sich die herrlichen Gefilde
wie ein bunter Teppich aus, von breiten Strömen durch=
flossen und mit Schlössern, Städten und Dörfern reich
geschmückt; es war, als sehe man aus dem Himmel auf
die Erde herab.

Sehnsuchtsvoll schaute Theodor da hinaus und seufzte
tief, das Nahetreten seines Lehrers und Freundes nicht
bemerkend, der ihn plötzlich bei der Hand nahm und
zärtlich fragte: „Was fehlt Dir, lieber Junge? warum
seufzest Du?" Ein Thränenstrom war des Knaben ein=
fache Antwort. Theilnehmend führte ihn Cölestin zu
ihrem gewöhnlichen Ruheplatz nahe beim Thurme, in
dessen Trümmermassen wilde Tauben nisteten.

Hier befand sich eine vom Vater Berthold schon
längst angelegte Bank mit einem Tische, Beide setzten
sich, und nach einigem Stillschweigen begann der Pater
also: „Theodor! ich weiß, warum Du weinst, ich habe
Dich schon seit längerer Zeit beobachtet, Dir ist das
Vaterhaus zu enge, Du möchtest hinaus in die Welt,
um sie zu sehen mit ihrem bunten täuschenden Glanze;
Dein Wunsch soll erfüllt werden, und heute noch werde
ich hierüber mit Deinem Vater sprechen; Du sollst fort
von hier, fort aus der Einsamkeit, zu mir in's Kloster,
um dort zwar nicht in die Welt, doch jedenfalls unter
andere Verhältnisse zu kommen."

Er schwieg, Theodor aber sprang frohlockend auf
und gab seine Freude durch fröhliche Sprünge zu er=
kennen. Wehmüthig sah Cölestin ihm zu; o wie leicht
ist es möglich, dachte er, daß der arme Knabe einst den
Augenblick verwünscht, wo er die friedliche, stille Hei=
math verlassen hat, wie leicht, daß er sich später in die
Einsamkeit zurücksehnt. Mir selbst ging es also, und
da ich die Jugendheimath mit ihrem entschwundenen
Frieden nicht mehr finden konnte, nahm ich das Ordens=
kleid, um dem Weltgewühle zu entrinnen, das mir we=
nig Freuden gebracht hatte.

Theodor hatte sich inzwischen wieder gefaßt und sich

an die Seite seines guten Lehrers gesetzt, welcher also begann: „Es ist für Dich nun bald der entscheidende Zeitpunkt gekommen, wo Du Dich für eine Kunst, eine Wissenschaft, oder ein Gewerbe entscheiden sollst. Dein Vater wünscht sehnlichst, Du möchtest noch einige Jahre studiren, dann aber ein braver Forstmann werden und ihm in seinen alten Tagen in seinen mühsamen Geschäften beistehen, denn in den geistlichen Stand zu treten würdest Du wohl wenig Lust haben.“

Theodor antwortete: „Nein theurer Lehrer, in den geistlichen Stand zu treten fühle ich durchaus keinen Beruf in mir, auch für ein Handwerk kann ich mich nicht entscheiden, und ein Jäger möchte ich schon gar nicht werden.“

„Aber Du weist doch,“ sagte Cölestin, „daß, wer essen und trinken will, auch arbeiten muß; sagte nicht schon im alten Testamente Gott: „„im Schweiße eures Augesichtes sollt ihr euer Brob verdienen,““ doch ich hoffe, Du wirst Dich im Kloster, wo Du mehr von der Welt zu sehen bekommen wirst, als hier im engen Thale, schon für irgend einen Lebensberuf entscheiden.“

Dies und noch manches Andere sprach der erfahrene Lehrer mit seinem Schüler; Cölestin redete aber auch bei der nächsten Gelegenheit mit Vater Berthold, welcher nicht wenig erschrack, als ihm der Mönch eröffnete, daß sein Sohn keine Lust habe, ein Jägersmann zu werden, doch hatte er volles Zutrauen zu seinem alten geprüften Freunde und dachte, daß dieser doch stets das Beste seines Sohnes wolle, und somit wurde beschlossen, daß der Knabe nächstens in das Kloster abgehen sollte.

Und so geschah es auch bald. Nach einem wehmuthsvollen Abschiede von Mutter und Schwester ging Theodor an des Vaters Seite dem Kloster zu, und unter mannigfaltigen Gesprächen, die der wißbegierige Knabe mit seinem Vater führte, traten sie endlich aus dem Walde hervor. Nachdem sie schon eine Zeit lang das Rauschen eines starken Waldbaches vernommen hatten, erblickten sie denselben und folgten dessen Laufe; sie vernahmen das plätschernde Geräusch einer Mühle, bald traten sie über den Steg derselben, und nun noch durch ein kleines Gebüsch, und sie genossen den herrlichen Anblick des in geringer Entfernung liegenden Dorfes und des herrlichen prachtvollen Klosters.

Die mit Zinn gedeckten Thürme der Klosterkirche und ihre vergolbeten Kreuze glänzten im Strahle der Mittagssonne, — und horch! welchen Ton! Feierlich und majestätisch erklangen die Glocken und riefen durch das Läuten des englischen Grußes die auf den Feldern beschäftigten Landleute zum Gebete und zum Essen.

Theodor hatte sich mit klopfendem Herzen den verschiedenartigsten Eindrücken überlassen und wußte kaum, wie ihm geschah, als sie schon an der Klosterpforte standen, welche dem Bekannten Berthold augenblicklich geöffnet ward.

Man führte sie zu Pater Cölestin, welcher eben im Lesen der heiligen Schrift vertieft war, das Buch küßte, es langsam zuklappte, und hierauf die Beiden auf das Freundlichste empfing.

Bald waren sie auf das Angelegentlichste in einer Unterredung, welche Theodor betraf, vertieft; mit Erlaubniß des Abtes erhielt Theodor ein Stübchen, welches dicht neben der Zelle seines Lehrers lag, und für heute wurde der besondern Veranlassung wegen das Mittagessen, an welchem auch Theodor mit seinem Vater Antheil nahm, in der Zelle Cölestin's eingenommen.

Hierauf führte der Pater seine beiden Gäste zum Abte, welcher durch Cölestin's Erzählungen neugierig gemacht, den wißbegierigen Theodor schon lange gerne gesehen hätte; er empfing sie auch auf das Freundlichste und versprach dem Vater Berthold, auf die sorgfältige Ausbildung des Knaben, sowie auch auf dessen weitere Zukunft die beste und größte Sorgfalt zu richten, und wenn derselbe nicht mehr im Kloster bleiben wolle, ihn auf andere Art unterzubringen.

Nach herzlichem Danke empfahl sich Vater Berthold, Cölestin versprach Theodor, ihn ein andersmal in den Räumen des Klosters herumzuführen, indem er heute

mit seinem Vater noch Vieles zu reden habe, und es
wurde zwischen den beiden Männern festgesetzt, daß Theodor zwei Jahre im Kloster bleiben und es ihm dann
frei stehen solle, einen Lebensberuf zu wählen, welchen
er wolle.

Hierauf nahm Berthold Abschied, indem er heute
noch nach Hause mußte. „Mein Sohn!" sprach er zu
Theodor, habe Gott vor Augen, lebe fromm und gut,
damit ich, deine Mutter und Schwester und alle guten
Menschen noch Freude an dir erleben, und wir einst im
Himmel wieder zusammen kommen mögen. Lebe wohl,
gebe Gott, daß ich dich eben so rein und schuldlos wieder treffe, als ich dich verlasse." Weinend hing Theodor an dem Halse seines Vaters, doch dieser machte sich
los, griff nach Büchse und Jagdtasche und ging. Auf
seinen ausdrücklichen Wunsch begleitete ihn Niemand, auch
Pater Cölestin nicht, wie sonst gewöhnlich die Treppe
hinab; heute wollte der Mann allein gehen, damit Niemand gewahr werde, welchen Schmerz er fühle, von
seinem einzigen Sohne scheiden zu müssen.

Auch Theodor weinte heftig und sah durch das
Fenster der Zelle lange dem scheidenden Vater nach,
denn aus liebender Rücksicht hatte Pater Cölestin seine
und seines Schülers Zelle nach dem Waldwege hin gewählt; — dort geht der Vater, er kehrt sich noch einmal um, er denkt nicht, daß die Augen des Sohnes
und des Freundes auf ihn gerichtet sind; er wischt sich
die Augen, noch eine Biegung des Weges und er ist
ihren Blicken verschwunden.

Als Theodor den Vater nicht mehr sah, da kehrte
er sich ab vom Fenster und weinte bitterlich; mitleidig
blickte Pater Cölestin auf den weinenden Knaben und
dachte, weine dich aus, armer Junge! wohl dir, wenn
spätere Jahre dir keine bitteren Zähren erpressen, als
sie nun Kindesliebe und Sohnesschmerz dir entlocken!

Jedoch der Schmerz des Knaben wollte sich nicht
legen, vielmehr fing er an, über heftige Kopfschmerzen
zu klagen; der schleunigst herbeigerufene heilkundige Mönch

Bonifaz rieth, ben Knaben zu Bette zu bringen, bald befiel ihn ein Fieber, worin er von der Welt, wie er sich biese einbilbete, vom Vaterhaus und vom Walde in seltsamen Phantasien zu reben begann.

Doch der Heilkunde und der Kunsterfahrenheit des Klosterbrubers Bonifazius gelang es, ben Knaben nach wenigen Wochen, während welcher Zeit Cölestin Theobor fast nie verlassen hatte, wieder herzustellen, nur rieth er ihm, noch einige Zeit das Zimmer zu hüten.

Um bem Knaben einige Unterhaltung zu gewähren, brachte ihm Cölestin aus der Klosterbibliothek ein großes Buch mit Bilbern. Dieses Buch hatte wohl von Außen ein unscheinbares Ansehen; der Einbanb war gebräunt, der schwere Messingbeschlag verrostet, als jedoch Pater Cölestin die Schlösser öffnete, zeigten sich ben erstaunten Blicken des Knaben mit sauberer Mönchsschrift geschriebene Blätter von Pergament, und nicht genug, baß viele der Anfangsbuchstaben mit Schnörkeln geziert und auf golbenem Grund schön roth und blau gemalt waren, es zeigten sich auch ben neugierigen Blicken des Knaben an mehreren Stellen zwischen der Schrift längliche Bilbchen, worauf mit überaus fleißigem Pinsel allerlei Menschen unb Thiere so lebhaft abgemalt waren, als kämen bie Farben soeben aus der Muschel.

Theobor konnte seine Lust kaum sättigen, benn noch nie hatte er vorher eine Malerei gesehen. „Aber lieber Lehrer!" sprach er zu Cölestin, „wer ist benn dieser Mann, ber auf jebem Bilbe wieder vorkommt? Im langen Barte, den Pilgerstab in ber Hand, bie Stirne gerunzelt, schaut er mit bitterem Schmerze auf bie übrigen Menschen; es scheint, als habe er eine ungeheure Missethat auf bem Gewissen, welche ihn nie ruhen unb rasten läßt, benn auch nicht ein einziges Mal sehe ich ihn auf biesen Bilbern in ruhender Stellung abgebildet."

Da ergriff Pater Cölestin, hoch entzückt über bie Freube, welche bas Buch seinem Schüler gewährte, basselbe, setzte sich zu ihm und erklärte ihm ben Sinn ber einzelnen Bilber.

„Hier, in diesem ersten Bilde," begann Pater Cö=
lestin, „siehst du unsern göttlichen Lehrer und Selig=
macher Jesus Christus unter der Last des schweren Kreu=
zes sinken, und hier zwingen die Kriegsknechte Simon,
Jesus das Kreuz nachzutragen. Ach sieh! wie todten=
bleich unser Heiland ist, und ach! jetzt geht erst die Lei=
densstraße, der steile Weg nach Golgatha an. Siehst
du hier im zweiten Bilde, wie erschöpft der Heiland sich
an die Mauer eines armseligen Häuschens am Wege
lehnen will? Der Besitzer der Hütte, ein grimmiger
Jude, Ahasver genannt, stößt Jesus hinweg und ruft,
wie die Sage berichtet: „Hinweg, Verbrecher! hinweg,
du, der sich für den König der Juden ausgegeben hat,
empfange nun den Lohn deiner Lügen am schmachbedeck=
ten Kreuzesholz!"

„Doch Jesus blickt erröthend ihn so traurig an, als
wenn er sagen wollte: „Ach, mein Volk! warum verfolgst
du mich?" Doch ungerührt blieb der grimmige Jude
von Jesus Sanftmuth, er schimpft, er tollt, er hetzt in
seiner Wuth sogar ein kleines Hündchen auf den Sohn
Gottes, auf den Größten und Erhabensten, der je den
Erdboden betrat."

„Jesus öffnete den Mund zum Ausspruche: „Du
sollst nicht ruhen, bis ich einst wieder komme."

„Und weiter geht der Schmerzenszug."

„In dem darauf folgenden Bilde bewegt sich noch
immer der traurige Zug den Hügel hinan. Die Juden
drängen und stoßen sich, um ja keinen Moment der
fürchterlichen Kreuzigung zu versäumen; hatten sie ja
doch gerufen: „Sein Blut komme über uns und über
unsere Kinder!" Hier gewahrst du Ahasver, der von
seinem bösen Gewissen getrieben ihrem Zuge folgt, um
das traurige Schauspiel, über das sich selbst die Elemente
entsetzten, mit anzusehen."

„Er sah es mit an, er sah die Wunder, wie Sonne
und Mond sich verfinsterten, die Berge sich spalteten,
die Erde bebte und die Gräber ihre Todten wiedergaben,
mit starrem Entsetzen sah er Alles, was sich ereignete,

2*

da kam Gottes Strafgericht über ihn, und hier im Bilde
siehst du ihn, Jerusalem verlassend, in die Welt hinaus=
stürmen, ruhelos, rastlos von einem Ort zum andern
eilen. Hier in einem andern Bilde wird Jerusalem vom
Römer=Kaiser Titus erobert, der Tempel steht in Brand,
Ahasver ist hier, verzweiflungsvoll ringt er die Hände,
das einzige Liebe, was er noch auf Erden hatte, sein
Sohn Ruben, ist gefallen mit dem Schwert in der Faust
in Vertheidigung des Heiligsten seiner Vaterstadt und
seines Volkes, des weltberühmten Tempels.

„Das Leben ist ihm die größte, furchtbarste Pein,
es zu verlieren stürzte er sich in die Schlachten der
Menschheit, vergebens, ihn verschont der Tod, sein Loos
ist, zu wandern, bis einst Christus, den er verstoßen,
kommen wird, zu richten die Lebendigen und Todten." *)

Dies und noch mehr erklärte Pater Cölestin userm
jungen Freunde, und dieser konnte sich, wie schon gesagt,
gar nicht satt sehen an diesem herrlichen Werke. „O
könnte ich so schön malen!" rief er öfters aus und trennte
sich fortan bis zu seiner vollkommenen Genesung nicht
mehr von diesem herrlichen Produkte des Kunstfleißes
des Mittelalters.

Der Zeitpunkt, wo Pater Bonifaz das Ausgehen
erlauben konnte, war nun erschienen, und Pater Cölestin
führte Theodor überall im Kloster herum. Unter Anderm
betraten sie auch die Klosterkirche, ein zu Anfang des
zwölften Jahrhunderts erbautes kolossales Gebäude. Wie
staunte Theodor, als er den Wald von mächtigen Pfei=

---

*) Dichtern und Künstlern bot der Ideenreichthum der Sage
vom Juden trefflichen Stoff. Zu Ende des vorigen Jahrhunderts,
um nur Einiges zu erwähnen, schrieb der schwäbische Dichter J.
D. Schubart sein herrliches Gedicht: „Der ewige Jude."
Ein hervorragender Dichter, J. Mosen, bearbeitete die alte Sage
ebenfalls in einem lieblichen Epos. — Und kommt Einer von
euch einst nach Berlin und sieht die herrlichen Malereien im Mu=
seum, so erblickt er unter den unzähligen Figuren, mit welchen
W. von Kaulbach dort die Zerstörung Jerusalems an die
Wand malte, auch den Juden, den Engel aus Jerusalem mit
Ruthen auf die Wanderschaft treiben.

lern und Schulen sah, wie staunte er, als er in die Höhe
blickte und droben in schwindelnder Entfernung des Gewölbes gleich einem zweiten Himmel seine weiten Spitz-
bogen ziehen sah.

Doch warum steht der Knabe und starret plötzlich
nach einem Punkte? Dort, wohin er so regungslos
blickt, da schmücken herrliche Glasmalereien die Fenster,
durch welche das Licht in gebrochenen zarten gelben,
blauen und röthlichen Tönen herein strahlt, laut äußert
sich seine Bewunderung, und dies zwar in solchem Grade,
daß sich Pater Cölestin des Gedankens nicht erwehren
kann, vielleicht habe Gottes Fügung Theodor zu einem
Maler bestimmt. Doch verschwieg der vielerfahrene Mann
dem Knaben diesen Gedanken noch, um ihn nicht etwa
zu einem falschen Lebensberuf zu bestimmen.

Ruhig wurde nun der Unterricht fortgesetzt, jeder
Tag mit Anhörung einer heiligen Messe angefangen und
hierauf erst mit den Lehrstunden begonnen. Theodor
lernte seinen Hauptfehler, den Leichtsinn und die Zerstreutheit, immer mehr bezwingen und ablegen, er machte auch
täglich größere Fortschritte auf dem Pfade der Wissenschaften, wozu die große Klosterbibliothek den mannig-
faltigsten Stoff lieferte.

Zuweilen besuchte ihn sein Vater und er hatte die
größte Freude über die Fortschritte, welche sein Sohn in
leiblicher und geistiger Beziehung machte.

Er hatte zwar bei allem Fleiße und aller Wißbe-
gierde im Anfange viele Dunkelheiten und mancherlei
Schwierigkeiten auf dem unermeßlichen Felde der Wissenschaften zu überwinden; er konnte vieles nicht begreifen,
nicht behalten; aber er ließ sich nach dem Rathe seines
Lehrers nicht abschrecken, dachte über alles nach, wiederholte, gab auf Alles Acht, fragte nach Allem, und das
Feld der Wissenschaften zeigte ihm immer reizendere Aussichten, er nahm zu an Weisheit und ward immer thä-
tiger, lernbegieriger und immer gleichgültiger gegen Müssiggang und kindische Jugendfreuden.

In den Feierstunden versuchte es Theodor öfters,

die schönen Bilder jenes alten Manuscriptes, das ihm
so viele Freude gewährt hatte, mit der Feder nachzubil=
den, und sein unermüdeter, vor keiner Schwierigkeit
zurückschreckender Fleiß brachte es mit der Zeit dahin,
daß er bald ordentliche Begriffe vom Zeichnen hatte.

In den Ruhestunden ging er öfters mit seinem
väterlichen Lehrer in den weitläuftigen Garten des Klosters
spazieren; große Obstbaum=Alleen zogen sich darin hin,
an Spalieren wuchs köstlicher Wein, und am Ende des
Gärtchens, wo der nun langsamer dahin fließende Mühl=
bach einen Teich bildete, schwammen lustig Forellen und
Karpfen im spiegelhellen Wasser herum.

Manchmal besuchte er auch in Begleitung des guten
Paters, wenn dieser in den zum Kloster gehörigen Orten
predigte und den Gottesdienst versah, die benachbarten
Dörfer, wohin der Weg durch grünende Eichen= und
Buchenwälder oder durch weite Kornfelder und blumen=
reiche Wiesen führte.

Da entströmte Weisheit den Lippen seines Lehrers;
er sprach zu ihm von Tugend und Rechtschaffenheit, er
zeigte dem horchenden Knaben in lehrreichen Beispielen,
wie man durch Beherrschung seiner Begierden lernt, sich
im Guten zu befestigen; er flößte seinem Schüler die
Ueberzeugung ein und legte ihm auf das Dringendste
an's Herz, daß alle Künste und Wissenschaften der Welt
nutzlos sind ohne Moralität; er beschwor ihn, die wahre
Weisheit nur allein in dem Worte Gottes und in den
übereinstimmenden Lehren der christkatholischen Kirche zu
suchen.

„Dein Leben," sagte er, „sei ein Leben in Gott;
selig, selig ist der Mensch, welcher Gott gefunden hat
in sich, außer sich und überall. Die ganze Welt lacht
ihm entgegen in nie geahnter Wonne und Herrlichkeit,
rings ersprießen ihm die Blumen der Wissenschaft, deren
Blüthen in einer andern Welt sich erst vollkommen ent=
falten werden.

„Vergiß nie, mein Sohn, daß du ein Kind gött=
lichen Geschlechtes, ein dem höchsten Urgeist verwandter

Geist bist, und diesen Urgeist denke dir in seiner Macht und Herrlichkeit, in seiner Milde und Barmherzigkeit. Vergiß es nie, daß der Allgegenwärtige mit seiner unsichtbaren Kraft dich stets durchdringt, daß er es ist, der in dem Diesseits und Jenseits dein Bestes längst geordnet hat.

„Und so wie Gott, so soll auch Christus in dir sein; erkenne in ihm den Abglanz Gottes, die Fülle der Gottheit, den Inbegriff aller geistigen Höhe und Schönheit, dein Vorbild, durch dessen Nachahmung auch du zur möglichsten Annäherung an Gott gelangen sollst; Christus sei dein König, dein Herr, dein Führer, dein Freund, er sei das Vorbild deines Lebens. — Dich erfülle jene unaussprechliche Liebe zu Gott, von der Christus durchdrungen war, jener freudige Gehorsam, der da wirkte, so lange es Tag war, und währte bis zum Tode am Kreuze, jener Abscheu gegen alles Niedere und Böse, und jenes eifrige Streben nach dem Vollkommeneren.

„Ist dies der Fall, so wird Christus immer mehr Raum gewinnen in deinem Innern, und er wird in dir und du wirst in ihm leben. Daß es geschehen möge, dazu verhelfe dir der heilige Geist!“

Schon war der dritte Herbst gekommen, den Theodor im Kloster zubrachte, wo er täglich mehr an Weisheit und Gnade vor Gott und den Menschen zunahm, als der hochwürdigste Abt beschloß, aus der Hauptstadt einen berühmten Maler von großem Künstlerrufe kommen zu lassen, um in dem Speisesaale des Klosters ein großes Mauergemälde von ihm verfertigen zu lassen.

Der Herr Abt hatte zum Gegenstande dieses Gemäldes das letzte Abendmahl unseres göttlichen Erlösers oder mit anderen Worten die Einsetzung des hochheiligsten Sakramentes des Altars gewählt.

Der Maler, ein schon ziemlich bejahrter Mann, kam endlich an; ruhiger Ernst lag auf seinem würdevollen Antlitze und in seiner Haltung; durch seine Freundlichkeit und stets gleichbleibende Gemüthsstimmung gewann er sich bald die Liebe und Achtung aller Klosterbewohner.

Unser Freund Theodor brachte seine meisten Feier=
stunden, die ihm jetzt Cölestin absichtlich ließ, im Speise=
saale beim Maler zu und ging dem großen Künstler,
der den freundlichen Knaben bald sehr lieb gewann, auf
mannigfaltige Weise an die Hand.

„Aber,“ sagte einmal der Maler, „mein lieber
Freund! sage mir doch, ob du schon einmal malen ge=
sehen hast, da du Alles so schnell begreifst, als ob dir
Alles schon aus Erfahrung bekannt wäre.“

Theodor erzählte nun dem aufmerksam zuhörenden
Maler, wie er, seit er jenes alte Buch gesehen, eine be=
sondere Neigung zum Zeichnen und Malen in sich gefühlt
habe, und daß er große Lust hätte, ein Maler zu werden.

Der Maler dachte über die Sache nach und sprach
noch am nämlichen Abende mit Pater Cölestin und mit
dem Abte, indem er versprach, Theodor gegen ein mäßi=
ges Lehrgeld zu sich zu nehmen und ihm in drei Jahren
die richtigsten Begriffe seiner Kunst beizubringen.

Pater Cölestin verfügte sich mit Bewilligung und
im Auftrage des Abtes in das Försterhaus zu den Eltern
Theodor's, welche ihre Einwilligung insofern gerne gaben,
als sie sich von den Anordnungen des würdigen Gottes=
mannes nur das Beste versprachen.

Später kam Vater Berthold selbst in das Kloster
und sprach unter Anderm zu dem Maler: „Bilden Sie
aus meinem Sohne einen arbeitsamen, brauchbaren Men=
schen, vor Allem aber vergessen Sie nicht, auch auf die
Bildung seines Herzens Rücksicht zu nehmen.“

Inzwischen war der Winter gekommen, und der
Maler, welcher Meister Rogier hieß, benützte die langen
Winterabende, an welchen er an seinem Bilde nicht mehr
arbeiten konnte, um Theodor Unterricht im Zeichnen,
jener Grundlage der Malerei, zu geben, in welchem
Fache Theodor, unterstützt von seinem gewöhnlichen aus=
dauernden Fleiße, bald große Fortschritte machte.

So kam allmählich der Zeitpunkt heran, an welchem
das große Bild im Speisesaale fertig war und die Ab=
reise vor sich gehen sollte.

Das Bild gefiel Allen sehr wohl, besonders aber dem Herrn Abte, einem großen Kenner der Künste, und er äußerte darüber die höchste Zufriedenheit.

In dem Bilde war der Moment dargestellt, wo Jesus zu seinen Jüngern sprach: „Nehmet hin und esset!" Jesus hebt das Brod in die Höhe, sein seelenvolles Auge blickt auf, die rechte Hand drückt er auf die Brust, als wollte er sagen: „Es ist meine Liebe, die dieses Gedächtniß einsetzet."

Herzergreifend war die ganze Darstellung und Niemand konnte das Bild ohne Rührung betrachten: Johannes mit dem frommen liebevollen Blicke, welch' ein Vorbild für einen Jüngling! auf der andern Seite Petrus mit fromm gefalteten Händen, andächtig sich nahend, die übrigen Jünger aber in stummer Ehrfurcht und stiller Andacht der göttlichen Worte horchend.

Als lebhaften Gegensatz dieser Menschen hatte der Maler den Judas dargestellt; dem boshaften Verräther schien es unwohl im Kreise der übrigen, sein Herz schien härter als ein Kiesel, denn wie hätte er bei solch' erhabener, liebevoller Handlung noch weiter Verrathsgedanken hegen können?

Mit geballter Faust stemmt er sich auf den Tisch, mit gerunzelter Stirne, zusammengezogenen Augenbraunen und stier blickenden Augen schaut er auf den Boden nieder.

„Dies ist das Bild der Habsucht und der Sünde," sagte bei Betrachtung dieses gelben blassen Gesichtes der Abt, „o fliehet doch ihre Schlingen! Judas konnte seine Begierde nach Geld nicht überwinden, und er geht hin und verräth seinen göttlichen Meister."

Theodor reiste indeß noch für ein paar Tage in die Heimath, wo Alles zu seiner langen Abwesenheit vorbereitet wurde, denn Vater Berthold und Meister Rogier hatten beschlossen, daß während der Lehrjahre Theodor seine Heimath nie besuchen sollte, besonders weil die Hauptstadt sehr entfernt lag und die Verbindung einzelner Orte in jener Zeit sehr erschwert war.

Traurig war der Abschied, weinend schieden die Mutter und Rosalie von dem Sohne und Bruder, welchen der Vater in das Kloster zurückbegleitete, wo er dem fremden Meister noch einmal bringend das leibliche und geistige Wohl seines Sohnes anempfahl.

Der Tag der Abreise war indeß herangekommen. In der Zelle Cölestin's befindet sich Theodor; noch einmal gibt er ihm Lehren und Ermahnungen, noch einmal horcht Theodor den Lehren, die dem gottbegeisterten Munde Cölestin's entströmen.

„Gehe oft in die Kirche," sprach er unterm Anderm, „gehe recht oft hin und gib Gott, was Gottes ist. Wie Maria saß zu den Füßen des Herrn, um zu vernehmen die süßen Lehren aus seinem Munde, so sitze auch du gerne dort in den geheiligten stillen Räumen und öffne dein Herz den Worten des Lebens; erwähle auch du den besten Theil.

„Sprich nicht, die Predigt könne dich nicht erbauen, du könntest zu Hause eben so gut beten, man würde deinen öfteren Kirchenbesuch belachen, würde dich für einen Frömmler halten; nein, der Sonn- und Feiertag sei dir heilig, und keines Thoren fade Witzelei und Spötterei über Predigt und Gottesdienst verleite dich je, den Feiertag zu entheiligen.

„Wisse, daß du aus jeder Predigt lernen kannst, und selbst aus einer weniger guten Predigt wirst du wenigstens einen guten Gedanken für die Woche gewinnen können.

„Siehe auch ganz ab von der Persönlichkeit des Predigers und wende dich nur dem Inhalte der Predigt zu. Sei aber nicht ein vergeßlicher Zuhörer, sondern ein Vollbringer des Wortes, und suche eben so bereitwillig mit deinen Händen Gott zu dienen, wie du mit deinem Herzen Gottesdienst gehalten hast; dann wird es dir um so eher gelingen, aus dem Acker deines Herzens alles Böse auszurotten und Frömmigkeit und Demuth hineinzupflanzen.

„Schon das Kind muß sich an Arbeitsamkeit ge=
wöhnen, noch weit mehr mußt du dich als Jüngling
einer fortwährenden Thätigkeit befleißen. Werde nie
lässig in deinem Werke, und selbst dann nicht, wenn es
dir auch schwer fällt.

„Nur durch rastlose Thätigkeit kommt man zum Ziele;
nur durch rastlose Thätigkeit begründest du auch dein Glück
und erwirbst dir die Liebe und Achtung Anderer.

„Frage dich selbst einmal: könntest du deine Liebe
und Achtung einem Jünglinge schenken, der seine Tage
unnütze vergeudet und unthätig verloren gehen läßt?
Wird dir nicht der Jüngling allein achtungswerth er=
scheinen, der redlich wirket und rastlos arbeitet?

„Siehe, so wirke auch du mit möglichster Ausdauer
so lange es Tag ist, ehe die Zeit deines Lebens kommt,
wo es dir schwerer wird, zu wirken und zu lernen, als
jetzt in den Blütejahren deines Lebens.

„Verschiebe nie auf den folgenden Tag, was du
noch heute thun kannst; lasse auch Andere nicht das thun,
was dir selbst zu thun obliegt.

„Bedenke ferner: Müssiggang ist der Vater des
Mangels und der Noth, der Armuth und Dürftigkeit,
der Schande und Verachtung, der Sünde und des La=
sters; nützliche Thätigkeit aber bringt Freude, Wohlstand
und Segen.

„Nenne nie die Faulheit deine Freundin und ver=
schließe dem Müssiggange die Thür; nur der Arbeitsame
und Thätige erntet Ruhm und Ehre, findet sein Fort=
kommen, wird gepriesen in der Stadt und auf dem Dorfe,
und gelangt bald zu der Frucht seiner Thätigkeit.

„Verfalle nie wieder in deinen frühern Fehler, in
den der Zerstreutheit; hüpfe nicht von Arbeit zu Arbeit,
sondern beharre in dem, was du begonnen hast. —
Verliere keinen Augenblick, denn das Leben besteht in
Augenblicken, und keine verlorene Stunde kehrt zurück.
Stehe früh auf, denn Morgenstunde hat Gold im Munde;
lege dich spät zur Ruhe, denn die stillen Abendstunden
sind gewinnreich für Verstand und Herz.

„Laſſe Dir's auch ſauer werden, um Dir die nö=
thigen Kräfte, Fertigkeiten und Kenntniſſe zu verſchaffen;
Du möchteſt vielleicht wohl oft am Morgen länger ſchla=
fen, aber das Tagesgeſchäft ruft Dich zur Arbeit; Du
möchteſt wohl dieſes oder jenes Vergnügen mit Andern
theilen, allein thue es nie, wenn Du irgend ein nöthiges
Geſchäft darüber verſäumſt.

„Laſſe Dich nicht irre machen, ſondern überwinde
muthig alle und jede Hinderniſſe, wiederhole einen fehl=
geſchlagenen Verſuch noch zehnmal, gehe in der Anwen=
dung Deiner Kräfte immer ſtufenweiſe vom Leichtern
zum Schwerern, vom Einzelnen zum Ganzen, und die
Arbeit wird Dir dann immer leichter von der Hand gehen,
die Verſuche werden Dir immer beſſer gelingen; Du fühlſt
Vermehrung Deiner Kraft und lerneſt ſie immer ge=
ſchickter und zweckmäßiger anwenden.

Das Gefühl vermehrter Kraft iſt ſüß; die ſichtbare
Zunahme und das Wachsthum der körperlichen und der
geiſtigen Kraft gewährt uns immer fröhlichere Ausſichten
und erweckt unſern Fleiß immer mehr, das ſchöne Ziel
ſicherer und ſchneller zu erreichen, und ſiehe, es iſt immer
beſſer, den rauhen Pfad zuerſt zu erklimmen und dann
auf ebener Bahn zu wandeln, als umgekehrt.

„In Mäßigkeit, in Entſagung, im Entbehren ſuche
Dein Lebensziel, Deine Freude, Deinen Stolz. Hierin
liegt die Quelle des nie verſiegenden Genuſſes und tau=
ſendfach wirſt Du für das entſchädiget werden, was Du
willig entbehrſt.

„Und frage Dich ſelbſt, geziemt tobender Jubel,
unerſättliches Haſchen nach Vergnügen und nach Luſt=
barkeiten, leidenſchaftlicher Sinnengenuß einem Menſchen,
der vielleicht morgen ſchon vom Grabe aufgenommen wird,
einem Menſchen, der von Gott zu Wichtigem und Hohem
berufen iſt?

„O Du biſt ein glücklicher Jüngling, wenn Du
Dich von Deines Gottes heiligem Geiſte durch die ge=
fährlichſte Zeit Deines Lebens leiten läſſeſt! Nie wird
die Schlange der Reue an Deinem Herzen zehren, nie

die gekränkte Unschuld Dir fluchen, nie die unnütz ent=
flohene Jugendzeit Dich anklagen, und rein und froh
trittst Du in's männliche Alter!

„Groß ist der Kampf; — doch schön der Sieg!" —

Drittes Kapitel.

Die Malerschule.

Zwei Pferde trugen Theodor und Meister Rogier,
während ein Knecht mit einem schwer bepackten Saum=
thiere folgte.

Wohl schaute Theodor oft sich um, als er das stille
Kloster hinter sich hatte, doch die Ferne leuchtete in an=
muthiger Pracht, es war Frühling, und Frühlingslüfte
wehten, wer möchte in dieser Zeit nicht reisen?

Ihr Weg ging bald durch reinliche Dörfer, bald
an herrlichen Schlössern vorüber, und am sechsten Tage
spät Abends ritten sie eine grünende Anhöhe hinab, und
die große Hauptstadt lag vor ihnen und leuchtete mit
unzähligen Lichtern ihnen entgegen. Eine solche Menge
erleuchteter Fenster, eine solche Masse Häuser hatte der
Jägerssohn wohl noch nie gesehen, und laut äußerte er
seine Bewunderung darüber.

Rogier weidete sich am Erstaunen seines jungen
Schülers, welches sich noch vermehrte, als sie an vielen
zierlichen Landhäusern und Gärten vorbeikamen, die mei=
stens in hellem Kerzenglanze strahlten, und aus welchen
fröhlicher Saitenklang und muntere Gesänge ertönten.

Theodor meinte, er sei schon lange in der Stadt
da thaten sich erst auf Rogier's Ruf die gewaltigen
Thorflügel auf, die damals regelmäßig zur bestimmten
Stunde geschlossen wurden, und sie ritten durch das
wiederhallende Thorgewölbe wie in eine riesenmäßige
Burg ein.

So ging es durch die Gassen der Stadt. Theodor's Pferd scheute sich eben vor einem Lichtstreifen, der blinkend aus den hohen Bogenfenstern eines ansehnlichen Hauses auf die Straßen schien, als Meister Rogier rief: „wir sind zur Stelle!" vom Pferde sprang und dieses an den Portenring band. Theodor folgte seinem Beispiele, während auf Rogier's Schellen zwei Hunde im Hofe laut anzuschlagen begannen.

Eine ältliche Frau, deren die Hunde beruhigende Stimme sie bis vor das Thor vernahmen, öffnete, und nach frohen Begrüßungen des Meisters und Hausherrn wies sie den Knecht mit den Rossen in den Stall und half demselben das Gepäck abladen.

Das Thor wurde wieder sorgfältig geschlossen, Meister Rogier aber ergriff Theodor's Hand, führte ihn die Treppe hinauf und öffnete langsam die Flügelthüre. Blendend drangen Ströme von Licht aus einem hell erleuchteten Saale, in welchen die beiden Ankommenden traten.

Von der Decke des Saales hing ein mit vielen Lichtern versehener Kronleuchter herab, dessen Licht gegen die Mitte des Zimmers zu, durch große Schirme gemäßigt war, sechs Jünglinge, größtentheils älter als Theodor, saßen im Halbzirkel um eine große Gypsfigur und beschäftigten sich eifrig damit, dieselbe abzuzeichnen.

Ein junger Mann von hoher Statur beugte sich eben zu einem der Zeichnenden nieder und corrigirte dessen Werk; kaum hatte er jedoch bemerkt, daß die Thüre des Saales geöffnet werde, so richtete er sich augenblicklich aus seiner gebückten Haltung in voller Höhe auf und sah mit zorniger Miene auf die Eintretenden.

Doch kaum hatte er Rogier erkannt, als er mit ausgebreiteten Armen auf ihn zueilte und fröhlich ausrief: „Ei Bruder Rogier! kommst Du schon wieder, das freut mich, und was für ein Wunderthier," er zeigte auf Theodor, „bringst Du uns denn da mit?"

„Auch mich, Bruder Johann!" entgegnete Rogier, „freut es herzlich, Dich mit Deinen Schülern gesund und wohl anzutreffen, doch habe ich Dir hier kein Wunderthter, wie Du Dich auszudrücken beliebst, mitgebracht, sondern einen lieben, braven und hoffnungsvollen Jungen, welcher in Zukunft mein Schüler sein wird, und als solcher von Deinen Schülern volle Achtung zu empfangen hat."

Johann der Stiefbruder Rogier's, ein sehr geschickter, aber im höchsten Grade leichtsinniger junger Mann, biß sich in die Lippen, bewillkommte aber Theodor doch auf das Herzlichste.

Dieser war indeß von einem der Zeichnenden zum andern gegangen, und bewunderte nicht wenig ihre große Geschicklichkeit in einem Fache, das er kaum zu üben angefangen hatte; er brannte vor Begierde, in Bälde auch so etwas zu leisten. Meister Rogier aber trat jetzt zu ihm und führte ihn in das Wohnzimmer, wo sie bei einem trefflichen Male, an welchem auch der Klosterknecht, ihr Begleiter auf der Reise, Antheil nahm, sich von den mancherlei Beschwerden auf der Reise erholten.

Am andern Tage wurde Theodor ein schmuckes Zimmerchen angewiesen, und er beeilte sich, seine mitgebrachten Sachen und Effecten darin zu ordnen und dann einen langen Brief an Pater Cölestin zu schreiben, indem am nächsten Tage der Knecht wieder in das Kloster zurückkehren sollte.

Und so befindet sich denn unser junger Freund allein in der großen Stadt, weit entfernt von allen Bekannten früherer Tage, sich selbst und dem Beistande seines göttlichen Schutzengels überlassen.

Schnell schwanden unter mannigfaltigen Beschäftigungen die Wochentage dahin. Am Sonntage führte ein älterer Kunstschüler, „Lukas" genannt, unsern Theodor in die Kirche und zeigte ihm zugleich die Merkwürdigkeiten der Stadt.

Besonders bewunderte Theodor die vielen Glockenspiele, welche nach damaliger Sitte sich fast von jedem Thurme hören ließen, und deren zauberische Töne ihn mehr als einmal zum Stillstehen veranlaßten.

Nachmittags führte Meister Rogier Theodor in das Hospital der Stadt, in welchem ein alter Kriegsmann,

Widolf genannt, lebte, ein Freund Cölestin's in den Tagen der Jugend, an welchen Theodor von seinem frühern Lehrer einen Brief abzugeben hatte.

Der alte Widolf freute sich herzlich, auch einmal wieder etwas von dem Freunde seiner frühern Tage zu vernehmen; er fragte unermüdet nach seinem Befinden, und freute sich herzlich, daß derselbe noch immer gesund und im Herrn vergnügt lebe, wie einst in den Tagen der Jugend, wo sie Arm in Arm mit einander an den Ufern des Rheines lustwandelten.

Sie entfernten sich nach einigen frohen Stunden, und Rogier zeigte ihm, da der Tag noch nicht sehr vorgerückt war, noch manche Sehenswürdigkeiten der Stadt.

Dem Fleißigen vergeht die Zeit schnell, dies erfuhr auch Theodor; der Sonntag kam wieder, er wußte selbst nicht wie, so schnell war ihm unter seinen Arbeiten die Zeit vergangen, und er beeilte sich, Nachmittags seinen neuen Bekannten, den alten Widolf, zu besuchen, nicht achtend der spöttisch hingeworfenen Worte Johann's: „Gehst Du so schnell wieder den alten Spitalkerl zu besuchen? ich wünsche Dir viel Vergnügen!

Erfreut empfing Widolf seinen jungen Bekannten und sprach viel mit ihm. „Siehe lieber Sohn!" sagte er unter Anderm, „in dem Schreiben meines alten Freundes Cölestin an mich ist auch eine Stelle, worin er mich bittet und beschwört, ich möchte über die Verhältnisse in Rogier's Hause die genauesten Erkundigungen einziehen und Dich sodann warnen, wenn irgend etwas Deiner Zukunft nachtheilig zu werden drohe.

„Ich habe diesem Rufe Folge geleistet und kann Dir nun mittheilen, daß Meister Rogier eben so achtbar als Künstler, wie als Mensch, und ein frommer, religiöser Mann ist, der durch seine edle gemüthsvolle Darstellungsweise Vieles zur Verherrlichung Gottes beiträgt.

„Hüte Dich aber, mein Sohn, vor seinem Stiefbruder Johann, der zwar nicht minder ausgezeichnet als Künstler ist, jedoch ein sehr ausschweifendes Leben führt, oder mit andern Worten gesagt, ein Spieler, ein Trin-

ter, ein Raufbold, ein Religionsspötter ist; lasse Dich
daher nicht näher mit ihm ein, Du wirst täglich älter,
und leicht, ja vielleicht sehr bald, könnte der Zeitpunkt
kommen, wo er Dich zu seinem Freunde zu machen suchen
wird. Gehe ihm aus dem Wege, oder gestatten es Deine
Kräfte und Deine Verhältnisse, so behaupte Dein geistiges
Gleich= oder Uebergewicht, tritt ihm männlich stark ent=
gegen und zeige mit edler Festigkeit entschlossenen Wider=
stand gegen seine Versuchungen.

„In Deiner jetzigen Eigenschaft als Schüler Ro=
gier's kann ich Dir den Rath geben, strebe nach dem
Höchsten und Edelsten, bilde Dir Verstand und Kräfte,
veredle Gefühl und Willen und fliehe ängstlich jeden An=
flug von Stolz und Eitelkeit! Bescheidenes Verdienst allein
sei Dein herrlichster Schmuck, es ist des Reichen reichster
Reichthum, des Hohen bester Ruhm, des Heitern unver=
welklichste Freude, des Verkannten bester Trost, und schließ=
lich Dein dauerndstes Gut und bester Empfehlungsbrief.“

So sprach der alte Kriegsmann, bei dem sich Theo=
dor häufig einfand. Er hatte eine gelehrte Erziehung
genossen, jugendliche Uebereilung ihn in die Reihe der
Abenteurer gebracht, mit denen Ferdinand Cortez Süd=
amerika eroberte.

Mit Wunden bedeckt und von dem ungewohnten
Klima der neuen Welt am Marke des Lebens angegriffen
und von der Zeit gealtert, kehrte er in's Vaterland zu=
rück. Seine Bekannten waren todt, sein Freund Cölestin
im Kloster. Da vermachte er sein beträchtliches Ver=
mögen dem Hospital der heimathlichen Stadt und be=
schloß, in demselben den Rest seines Lebens in beschau=
lichem Stillleben zuzubringen.

Theodor liebte ihn über Alles und achtete wenig
darauf, daß die übrigen Kunstschüler ihn bespöttelten,
daß er das Leben so wenig genieße; denn auf diese
Weise, meinten sie, werde wohl nie ein guter, lebens=
froher Maler aus ihm.

Dies schmerzte freilich Theodor einigermaßen, doch
fand er seinen Trost in der Liebe und Achtung seines

Neuhofer's Leben re. 3. Aufl.   3

braven Lehrmeisters Rogier, der ihn wohl selbst öfters zum alten Freunde begleitete und gerne auf die lehrrei= chen Erzählungen des welterfahrenen Mannes horchte.

Einst erzählte dieser ihnen, als sie an einem Sonn= tage Nachmittags in seiner Zelle saßen, von seinem frühern Soldatenleben.

„Ich war" sagte er unter Anderm, „noch ein jun= ger Mensch, als ich Soldat wurde, vielleicht der Jüngste im ganzen Heere; ich sah dort viel Böses, habe sogar selbst oft, ich leugne es nicht, große Lust gehabt, daran Theil zu nehmen, aber Gott sei gelobt! ich habe meistens meine bösen Begierden zu beherrschen gewußt und bin auf diese Weise von der Sünde ziemlich frei und rein geblieben."

„Aber Widolf," fiel Rogier ein, „habt Ihr nicht auch manchmal Schläge bekommen? die sollen ja bei den Sol= daten gar nicht selten sein." „O ja," antwortete Wi= dolf, „im Anfange meines Dienstes hatte ich einen schreck= lich bösen Corporal, Don Geiferos genannt; er hatte eine Frau, die war noch viel schlimmer als er; hatte sie ihm nun einmal den Kopf recht warm gemacht, dann ließ er seinen Aerger an den Soldaten aus. Auch an mich kam öfter die Reihe; der Korporal hatte wieder den Sturm im Kopf, und ehe ich mich's versah, stieß er mich mit der Faust auf die Brust, daß ich mich etliche Schritte aus dem Gliede gebracht sah, ich wußte selbst nicht wie, und hierauf zählte er mir Hiebe auf, daß ich mich zusammenbog, wie eine junge Birke im Winde.

„Ich hätte vor Aerger zerspringen mögen, doch du fielen mir die Worte ein: Ohne Gottes Schickung fällt kein Haar vom Haupte des Menschen, Gott läßt nichts geschehen, was uns nicht zum Heile gereichte. Dies fiel mir ein und bewog mich zum Nachdenken; ich lernte auf diese Weise Unrecht leiden und meine Schuldigkeit thun, sollte ich auch mit Undank belohnt werden.

„Auf diese Weise habe ich mein Soldatenleben zu= gebracht, habe gar Vieles gelernt, was ich früher nicht konnte, und ohne die Lehrmeisterin vieler Kenntnisse, die Erfahrung, wohl nie gelernt haben würde.

Ich kann z. B. hungern, kann dürsten, kann auf
Brettern so gut schlafen, wie auf Federbetten, kann vor
der Klosterküche stehen und Braten riechen und trockenes
Brob bazu essen."

„Aber," sagte Rogier, „das sind nun eben Künste,
aus denen ich mir nicht viel mache."

„Sie sind aber," fuhr Widolf fort, „gewiß viel
werth, und hätte mir der liebe Gott meine eigene Haus=
haltung beschert, sollten sie mir gewiß große Dienste
geleistet haben.

„Doch ich will fortfahren in dem, was ich eigent=
lich erzählen wollte. Ich hatte einmal einen Kriegs=
kameraden, einen alten grauköpfigen Landsknecht, der in
dieser Eigenschaft fast allen Monarchen des Erdbodens
gedient hatte. In Ungarn nahm er an den Türkenkriegen
Theil, er war gegen die heidnischen Völker gezogen und
sonst auf allerlei Art, auf die mannigfaltigste Weise von
seinem Schicksalssturme von einem Orte zum andern
herumgeworfen worden, und so kam es auch, daß er mein
Waffenbruder in Amerika wurde.

„Seltsame Zufälle der Welt! Dieser rauhe Kriegs=
mann hatte unter seinem harten Eisenpanzer das beste,
edelste Christenherz, das mir je vorgekommen, und ver=
diente, allen Soldaten als ein Muster aufgestellt zu
werden.

„Besonders gerne hörte er das Wort Gottes an,
und bei keiner Predigt wurde er vermißt. Einige Tage
vor einer Schlacht predigte ein Feldpater über die Worte
Jesu Christi: „„In dem Hause meines Vaters sind viele
Wohnungen zubereitet,"" und der Mönch führte, um in
den Sinn der Soldaten einzugehen, diesen Gedanken
weiter aus. Einige Tage darauf kam es zur Schlacht;
heiß wurde gestritten, der Pulverdampf legte sich wie
Nebel über das Gefilde. Es war am Eingange eines
amerikanischen Urwaldes, und Fuß für Fuß machten die
Ureinwohner den Boden ihrer Heimath streitig. Ich focht
an der Seite „Hänsleins von Trier," wie er geheißen
wurde, in den Reihen der Landsknechte; plötzlich vermißte

ich ihn an meiner Seite, unmöglich war es, ihn zu sehen, da wir zudem in diesem Augenblicke heftiger angriffen, unterstützt von einem Häufchen Reiter, welche Ferdinand Cortez selbst zu unserem Beistande herbeiführte.

„Bei diesem Anblicke kam panischer Schrecken unter die feindlichen Schlachthaufen, sie flohen, nur schwach verfolgt von unseren durch den langen Kampf erschöpften Streitern.

„Es wurde Abend; die Glühwürmer begannen zu fliegen, aus dem lauen Strome blickten die amerikanischen Krokodille, Aligators genannt, als ob sie die Kühle genießen wollten, als ich mit einer harzigen Fackel vom Kienbaum versehen über das einsame Schlachtfeld ging, um Hänslein zu suchen.

„Lange irrte ich vergebens auf dem Schreckensfelde herum, endlich fand ich, o des traurigen Anblicks für mein ihn zärtlich liebendes Freundesherz! ihn auf zwei Indianerleichen hingestreckt, beide von ihm in der grausamen Pflicht der Selbstvertheidigung erschlagen, wie ich glaubte.

„Doch bald sah ich die Ursache seines leblosen Daliegens; ein Pfeil war in die breite Brust gedrungen, dicht über dem Orte, wo der Harnisch an die Achsel schließt.

„Ich nahm ihm die Stahlkappe ab, holte aus dem Strome Wasser und spritzte es in sein Gesicht; er begann sich wieder zu regen, doch die Augen hob er nicht mehr in die Höhe, leise murmelten seine Lippen, angestrengt horchte ich, da hörte ich ihn deutlich die Worte sprechen: „„Es ist noch Raum in deinen Wohnungen, mein Jesu!““ — Amen! dachte ich, — Hänslein lehnte den Kopf zurück und war eine Leiche.

„Noch im Tode drückte er das gewaltige Schlachtschwert, dessen Griff ein Kreuz bildete, fest an sein Herz.

„Mit meiner Hellebarde grub ich ein Grab und legte den Leichnam meines Freundes hinein, schnitzelte noch spät in der Nacht mit einem Dolche ein kleines Kreuz und pflanzte es auf sein Grab.

„Ich saß auf dem Grabeshügel unter einer unge=
heuren Tamarinde; das Mondlicht erleuchtete das öde
Schlachtfeld, ich weihte dem Gefallenen eine Thräne,
doch gellend bliesen die Hörner durch die Nacht, und
ich ging dem Scheine der Wachtfeuer nach und dort in
den Reihen meiner Kameraden zur Ruhe.“

Tief erschüttert schwieg der alte Wibolf, und es
wollte an diesem Abende kein Gespräch mehr zu Stande
kommen; die beiden Maler empfahlen sich und gingen
nach Hause.

Am andern Tage, als Theodor mit Meister Rogier
allein war, sagte er zu ihm: „Die Erzählung des lieben
Alten von gestern liegt mir so lebhaft im Sinne, daß
ich mich wohl getraute, sie zu malen.“

„Thue es, lieber Theodor!“ versetzte sein Meister,
„gerne will ich dir dabei meinen Beistand gewähren.“

Zum nächsten Namensfeste Wibolf's trugen Rogier
und Theodor das Bild, welches der Meister mit einem
schönen Rahmen geziert hatte, ihm in sein Stübchen.

Der Alte war bis zu Thränen gerührt von dieser
Aufmerksamkeit, und betrachtete mit lebhafter Freude und
zugleich mit stummer Wehmuth das trefflich gelungene
Gemälde.

Dunkle Dämmerung umhüllte das flache Ufer eines
Flusses, als vom himmlischen Lichte beleuchtet im Arme
seines Freundes und Kampfgenossen ein Mann vom
Leben schied, um dessen Leib zwar noch Erdenlichter
leuchten, dessen Auge jedoch schon Himmelsglanz bestrahlt;
denn hoch aus den Wolken tritt Jesus hervor, die strah=
lende Lorbeerkrone, die er in der Hand hält, dem Todes=
engel darbietend für die Seele des dahinscheidenden
Kriegers.

Lebhaft dankte Wibolf, und am andern Tage schickte
Rogier Theodor in das Spital.

Wibolf ging ihm erfreut entgegen und sprach zu
ihm: „Dein Bild erfreute mich recht herzlich, und da
ich durchaus nicht undankbar sein mag, so habe ich be=
schlossen, dir die italienische Sprache zu lehren, und zu

diesem Zwecke gibt dein Lehrmeister Rogier dir täglich eine Freistunde.

„Da dieser meint, du müssest zur größern Aus= bildung in deiner Kunst nach vollendeten Lehrjahren noch Italien besuchen, so könnte dir in solchem Falle die Kenntniß der Landessprache nicht anders als vom größ= ten Nutzen sein.“

Daß Theodor erfreut war, dürfen wir unsern Le= sern wohl nicht erst sagen; herzlich küßte er dem alten zitternden Greise die Hand und eilte nach Hause, um seinem guten Meister zu danken.

So vergingen allmählich zwei Jahre; Theodor hatte schon mehrere Bilder selbst gemalt, und Alle, welche die Werkstätte Rogier's besuchten, um die Wunder seines schöpferischen Pinsels zu schauen, wunderten sich über die hohe Kunstfertigkeit des Schülers, die ihnen der Meister neiblos anpries.

Aber er hatte nicht allein an Kunstfertigkeit zuge= nommen, sondern auch an innerer Herzensgüte, an Tu= gend und Frömmigkeit hatte er sich einen Schatz gesam= melt, den, wie die heilige Schrift sagt, weder Diebe stehlen, noch Motten zerfressen können.

Jedermann mußte seine Freude an dem jungen Maler haben, wenn er nach der Sitte seiner Zeit den kurzen Degen an der Seite, im knapp anschließenden An= zuge, die Zeichnungsmappe unter dem Arme dahinschritt, um im Walde die Baumarten zu studiren, und sie in lebhaften, correcten Zeichnungen zum künftigen Gebrauche aufzubewahren, oder mit Meister Rogier die Kirche irgend eines Ortes zu malen. In dieser Kunstfertigkeit hatte es Rogier sehr weit gebracht, was gewiß ein gutes Zeugniß für seinen moralischen Lebenswandel ist, da es, wie man auch in der Kunstgeschichte liest, nur frommen Männern, die sich eines reinen Lebens befleißigen, ge= lungen ist, etwas zu schaffen, über welches der Hauch des Göttlichen und Himmlischen verbreitet ist. *)

---

*) In diesem Sinne hat wohl unser liebes deutsches Vater= land die schönsten Perlen der Kunst hervorgebracht. — Etwas

Theodor hatte jedoch auch oft trübe Stunden. Meister Rogier hatte bei allen seinen Tugenden auch seine schwachen Seiten — und wer hätte solche nicht? er war dann heftig und aufbrausend, und Niemand konnte ihm etwas zu Danke machen.

Theodor dachte aber, jetzt muß ich zwar dienen, aber es kommt auch eine Zeit, wo ich Herr sein werde, jetzt muß ich zwar gehorchen, aber die Reihe des Befehlens wird auch an mich kommen; ich muß mir jetzt manche Unannehmlichkeiten gefallen lassen, muß auf manches Vergnügen Verzicht thun, manche Nacht schlaflos zubringen, manchen Tropfen Schweiß vergießen, muß als Schüler manche grobe Handarbeit verrichten; aber die Zeit wird ja auch wohl kommen, wo ich es nicht mehr nöthig haben werde, dies zu thun, wo ich auch Ruhe und Erquickung genießen und mich edel des Lebens freuen werde.

Er dachte immer an Widolf's Worte, der einmal zu ihm gesprochen hatte: „Bete und arbeite ohne Unterlaß! Wohl dem, der den Herrn fürchtet und auf seinen Wegen geht; du wirst dich nähren von deiner Hände Arbeit, wohl dir, du hast es gut!"

Johann, Rogier's Bruder, dagegen hatte noch niemals einen frommen Gegenstand gemalt; Wirthsstuben, betrunkene Bauern, Raufereien, Trink= und Zechgelage, das waren die Gegenstände, die seine Phantasie und seine Phantasie beschäftigten.

Wollte er wirklich einmal etwas Großes und Erhabenes darstellen, so war es höchstens eine Landschaft oder eine Schlacht, die er sich zum Ziele seines Strebens wählte.

Schon oft hatte er sich unserm Theodor genähert,

Innigeres, Tiefgefühlteres kann es kaum geben, als, trotz allem Handwerksmäßigen in der Darstellung, die Bilder des alten Meisters Albrecht Dürer von Nürnberg, gestorben 1528. — Der Mann hatte wenig frohe Stunden im Leben, und dennoch, wie viel des bleibend Schönen schuf er. Auch ein Wink, daß glänzendes irdisches Loos nicht das höchste Gut des menschlichen Daseins ist! —

da ihm die hohe Bildung und die Geistesgaben desselben nicht entgangen waren; er versuchte ihn oft an sich zu zu locken, aber Theodor widerstand jeder Versuchung und mied sogar den Umgang mit seinen fröhlichen, leichtsinnigen Schülern.

So war es wieder Winter geworden und Rogier sprach eines Tages: „Es ist zu deiner Ausbildung höchst nöthig, wie ich dir schon öfters gesagt habe, daß du Italien, das Land der eigentlichen religiösen Malerei besuchst, da in diesem Lande die Kunst von Päpsten und Fürsten gepflegt wirklich Außerordentliches leistete.

„Eine Reise nach diesem Lande und der Aufenthalt daselbst ist aber immer gefährlich, und da du leicht in den Fall kommen könntest, dich persönlich mit dem Degen in der Faust vertheidigen zu müssen, so wäre es dir höchst nützlich, wenn du diesen Winter den Fechtboden besuchen wolltest; die Fechtkunst gibt der Hand und dem Auge Sicherheit, und in keinem Falle würdest du zu bereuen haben, meinen aufrichtigen Rath befolgt zu haben.“

Theodor befolgte seinen Rath, besuchte den ganzen Winter die Fechtschule regelmäßig und erlangte, da er in Allem, was er vornahm, stets die größte Beharrlichkeit zeigte, auch hierin bald die größte Sicherheit und Gewandtheit, so daß Wenige ihm mit dem Degen oder dem Schwerte in der Faust Widerstand zu leisten vermochten.

Die Lehrjahre waren zwar nun überstanden, doch Theodor blieb, da er einsah, daß er noch Manches lernen könnte, noch ein volles Jahr bei Meister Rogier, in welcher Zeit er sich zugleich eine hübsche Summe zur Reise nach Italien zusammensparte.

Endlich war die Stunde des Scheidens aus dem Hause Meister Rogier’s und ein neuer Abschnitt in Theodor’s Leben herangekommen, und er wollte das Vaterhaus noch einmal besuchen, bevor er die italienische Reise, welche man damals allgemein als ein höchst gefährliches Wagestück zu betrachten pflegte, antreten würde.

Den Abend brachte er in Gesellschaft Wibolf’s zu,

ben lehrreichen Ermahnungen horchend, die der gute Alte ihm gab. „Du hast," sagte er unter Anderm zu ihm, „nach der Aussage Meister Rogier's von Gott ein wahrhaft künstlerisches Talent empfangen, — wende dasselbe nur zum Guten an, entweihe nie die Kunst, diese Tochter des Himmels durch Behandlung von Gegenständen, die unter der Würde ihres himmlischen Berufes liegen. Mache sie nie zur Magd, erlaube dir nie die Darstellung eines unsittlichen Gegenstandes, ja nicht einmal eines ganz gemeinen. Veredlung des Schönen, Großen, Erhabenen, Vergeistigung des Sinnlichen ist allein der Zweck der Kunst. Unsittlichkeit ist an und für sich schon diesem Zwecke entgegen, und du würdest dir einst durch die Behandlung eines unsittlichen Gegenstandes vor deinem ewigen Richter schwere Verantwortung zuziehen.

„Allein auch deinem zeitlichen Werthe würdest du dadurch großen Abbruch thun, denn nur das Uebersinnliche, das Göttliche hat den höchsten Reiz für den unsterblichen Menschen.

„Nur in solchen Bildern, welche den Zweck haben, den Glanz des Himmels über die Erde zu verbreiten und das Unendliche in den Kreis des Endlichen herabzuziehen, kann sich der höchste Triumph der Kunst zeigen.

„„Nur Eines ist noth,"" spricht Christus, und dieses Eine dem Menschen auf mittel= oder unmittelbare Weise schön vor die Augen zu stellen, ist wahrhaft der höchste Beruf der Kunst, und er sei auch der Deinige.

„Bestrebe dich, alle deine Begegnisse, all dein Thun und Lassen, Freude und Leid, jedes Geschenk und Geschick aus der Vaterhand des Allliebenden in Gott aufzufassen; nichts vermag mehr als dies das Gute in dir zu wecken und zu fördern.

„O, selig bist du, wenn du in dir, außer dir und im ganzen All Gott gefunden hast; dies macht dich frömmer und religiöser, weiser und ruhiger, fester und vollkommener.

„Fasse und erwäge meine ernsten Worte, und genieße dann ruhig den Lohn deiner Bemühungen und

sollte derselbe auch nur in allgemeiner Liebe und Ach=
tung bestehen.

„Gott aber segne deine redlichen Bemühungen!
Strebe nach diesem Segen, es gilt das Wahre, das Blei=
bende, das wahrhaft Beglückende!

„Beherzige diese meine Worte und gedenke ihrer
immer, mein Sohn, bewahre mir ein Andenken in Dei=
nem Geiste, in deiner Seele, denn mir ahnet, wir wer=
den uns auf dieser Welt nie wiedersehen."

Tief ergriffen von diesen einfachen und klaren Wor=
ten, versprach Theodor seinem väterlichen Freunde, ihn
nie zu vergessen, und beide knieten dann noch einmal
vor dem Bildnisse des gekreuzigten Gottmenschen nieder
und beteten zu ihm, dem Allgütigen, Allgegenwärtigen,
ohne dessen Zulassung kein Haar vom Haupte der Erden=
bewohner fällt.

Noch einmal umarmte Widolf seinen Theodor, und
gab ihm den Segen; Theodor raffte sein Barett auf,
küßte noch einmal die Hand des weinenden Greises,
drückte diese an's Herz und wankte hinaus in die dun=
kelnde Nacht.

Kühlend und erfrischend wirkte die Luft auf den
aufgeregten Jüngling, und erst am späten Abend konnte
er zu Bette gehen, indem er noch sein Gepäck zu ord=
nen hatte.

Der Abschied vom guten alten Meister war nicht
minder schwer, denn Rogier hatte Theodor wie einen
Sohn geliebt und verlor in ihm jetzt einen Freund, mit
dem seine Gesinnungsweise so sehr übereinstimmte.

Auch zu Johann und seinen Schülern verfügte sich
Theodor, denn auch von ihnen hatte er manche Gefäl=
ligkeiten nach ihrer Art erhalten. Der lebensfrohe Jo=
hann nahm den Abschied tiefer zu Herzen als man viel=
leicht bei seiner leichten Denkungsart glauben möchte,
auch er hatte an Theodor und seinem ausdauernden
Fleiße große Freude gehabt, hatte sein entschiedenes Talent
oft mit Bewunderung betrachtet, und war in der letzten
Zeit manchmal froh gewesen, daß sich Theodor nicht glei=

cher Künstlerrichtung wie er selbst widmete, weil er so=
dann wohl Ursache gehabt hätte, auf mannigfaltige Art
für seinen Ruhm besorgt zu sein.

Unter lautem Schluchzen der guten alten Haushäl=
terin, deren Liebling der stille freundliche Jüngling stets
gewesen war, bestieg Theodor das schwer bepackte Pferd
und ritt an der Seite des Klosterknechtes, der gestern
angekommen war und die Pferde gebracht hatte, der
Heimath zu.

Oft blickte er nach der Stadt zurück, die er nun
verlassen hatte, um vielleicht nie wieder dahin zurückzu=
kehren, in welcher er vieles gelernt, manches gelitten,
manche Versuchung überwunden hatte; wohl ihm, daß er
die Stadt mit freudigem Bewußtsein und mit dem Ge=
fühle, seinem zeitlichen und ewigen Ziele näher gekommen
zu sein, verlassen konnte.

Noch einmal schaute er zurück, dann wieder, jetzt
aber wandte er sich an seinen Begleiter und bestürmte
diesen mit Fragen nach der Heimath. Alles war noch
wie früher, unter den Jägerburschen seines Vaters hat=
ten einige Veränderungen stattgefunden, einige Mönche
waren im Kloster gestorben, sein Vater und die übrigen
Mitglieder seiner Familie hatten sich stets der dauerhaf=
testen Gesundheit erfreut.

Unter solchen und ähnlichen Gesprächen verging die
Reise schnell; sie hatten das Klostergebäude erreicht;
fröhlich sprangen sie von den Pferden, laut läutete der
Knecht, der Pförtner öffnete, als er durch das Gitter
die Angekommenen erblickte, das schwere Thor und führte
Theodor sogleich in den Speisesaal, in welchem die Mönche
so eben beim Mittagsmahle saßen.

Der Abt und Cölestin begrüßten ihren ehemaligen
Schüler auf die herzlichste Weise, und auch die übrigen
Mönche bezeugten ihm ihre Freude.

Cölestin dankte im Stillen Gott, als er Theodor
in das klare, unschuldige Gesicht blickte, auf das die
Leidenschaften noch keine Furche gegraben hatten.

Vieles und mancherlei wurde nun gesprochen, und

unter Anderm sagte auch der Abt: „Da du, mein lieber Theodor! einmal den Entschluß, den ich auch nur billigen kann, gefaßt hast, eine so weite Reise zu unternehmen, und, was Gott verhüten möge, leicht geschehen könnte, daß du nie wieder zurückkehrst, und wir dich nie wieder sehen, so male, um ein Andenken an dich in diesen Mauern zurückzulassen, irgend ein schönes Bild; siehe hier," fuhr er fort, indem er auf das Abendmahl zeigte, „das treffliche Bild deines Meisters, du könntest dich wohl an einem Gegenstück versuchen."

Theodor nahm bescheiden das Wort und sagte, er habe schon längst diesen Gedanken gehabt, bitte jedoch, daß er die Zeichnung zu diesem Werke zu Hause fertigen dürfe, da er die Seinigen schon vier Jahre nicht mehr gesehen habe und sobald als möglich bei ihnen einzutreffen wünsche.

Lebhaft gerührt von Theodor's kindlicher Liebe versetzte der Abt: „Es sei fern von mir, Dich von dem baldigen Besuche deiner lieben, so sehr nach dir verlangenden Eltern abzuhalten, in Betreff des Bildes kannst Du es halten, wie Du willst."

Die Tafel wurde aufgehoben, und nach dem Gebete verfügten sich die Mönche in den Garten an die ihnen für heute angewiesene Arbeit, Theodor aber ging mit dem Abte und Cölestin in des letztern Zelle, wo sie bis zum Abende noch mancherlei mit einander sprachen.

Am andern Tage litt es Theodor nicht mehr im Kloster; Cölestin wollte sich die Freude nicht nehmen lassen, seinen jungen Freund selbst wieder dessen Eltern zuzuführen, und begleitete ihn.

O wie langsam ging dem guten Jüngling das Maulthier, welches Cölestin trug, er wünschte sich Flügel, um nur recht bald nach Hause zu kommen.

Um die Mittagsstunde kamen sie dort an. Der Vater hatte schon gegessen und wollte so eben auf die Jagd gehen, blieb aber nun; auf seinen Ruf eilten auch die Mutter und die indessen zu einer lieblichen Jungfrau herangewachsene Schwester Theodor's herbei, und diese guten Menschen feierten nun ein frohes Fest des Wiedersehens.

So gingen manche Tage in heiterer Geselligkeit dahin, während Theodor unermüdet an der Zeichnung arbeitete, nach welcher er das große Gemälde im Speisesaale des Klosters ausführen wollte.

Er verfügte sich nach deren Vollendung wieder in das Kloster und arbeitete dort mit solchem Fleiße und Eifer, daß das vollständige Gemälde schon am Ende des zweiten Monats nach seiner Ankunft im Kloster vollendet war.

Sinnig hatte Theodor die Speisung des Volkes in der Wüste durch Jesum als Gegensatz zu der himmlischen Speise im Abendmahle gewählt.

Der hochwürdige Abt war sehr zufrieden mit dem Gemälde, und beschenkte Theodor, da dieser jede Bezahlung ablehnte, dafür sehr großmüthig. Er äußerte sich öfters im Stillen gegen Cölestin, um Theodor durch das Lob nicht eitel zu machen, daß das Bild desselben entschiedene Vorzüge vor jenem des Meisters habe; beide, meinte er, seien ausgezeichnet, beide originell und doch wesentlich verschieden.

Theodor bereitete sich nun zur nahen Abreise vor; sein Vater hatte seine Zustimmung dazu gegeben, und da er in seiner Art sehr wohlhabend war, so gewährte er seinem Sohne gerne die nöthigen Geldmittel, so daß Theodor, der immer überaus mäßig zu leben und seine Begierden stets im Zaume zu halten gewohnt war, sich wohl der Hoffnung überlassen zu dürfen glaubte, seinen Studien einige Jahre widmen zu können.

Wohl war der Abschied schmerzlicher, als damals, wo er vor Jahren an der Seite Meister Rogier's schied; aber endlich waren auch die Abschiedsthränen getrocknet, und an einem heitern Maimorgen, wo alles grünte und blühte, und Nachtigallenschlag aus den Gebüschen tönte, trat er mit schwerem Herzen und nur mit einem kleinen Ränzchen bepackt aus der Eltern Hause. Diesmal ging es nach der andern Seite des Waldes,

wo in der nämlichen Entfernung, wie jenseits das Kloster, ein kleines, in dieser Erzählung schon angeführtes
Städtchen lag.

Schwer war Theodor's Herz, als der Vater ihn
im Wald verlassen hatte; er hielt sich, da er kein Bedürfniß nach Erquickung fühlte, im Städtchen nicht auf,
und wollte eben durch das Thor wieder hinaustreten in
Gottes freie Natur, als eine kräftige Stimme ihm zurief: „Reiset mit Gott!" Ueberrascht blickte Theodor
um und sah in einer Mauernische sitzend einen sehr alten Mann, der die theilnehmenden Worte gesprochen,
auf den Knieen die aufgeschlagene heilige Schrift.

Freundlich zog Theodor das Barett und grüßte mit
dem Christengruße: „Gelobt sei Jesus Christus!" „In
alle Ewigkeit. Amen!" tönte die Stimme des Alten.

Verschwunden war plötzlich Theodor's Traurigkeit,
er fühlte sich wunderbar gestärkt, und so oft ihn jenes
unheimliche Gefühl wieder auf seiner Lebensbahn be-
schleichen wollte, so rief er sich den kräftigen Spruch
jenes Alten am Thore wieder in sein Gedächtniß zurück;
reise ich doch mit Gott, dachte er immer, was soll mir
denn noch schaden können? wenn Gott mit mir ist, wer
kann wider mich sein?

Am dritten Tage kam er an das Gestade des Meeres. Wie staunte er, als er die unabsehbare Meeresfläche vor sich liegen sah, das unermeßliche, brausende
wellenschlagende Meer; er hob die Hände zu Gott empor, zog andächtig das Barett ab und rief begeistert
aus: „O Gott! wie groß, wie gut bist du, und wie
groß und gewaltig sind die Werke, die dein Herrscher-
wort aus Nichts hervorgerufen hat!"

Geschlossen sind nun die Lehrjahre, die Wanderjahre haben begonnen; an den Gestaden des Meeres
verlassen wir den frommen, tugendhaften Jüngling, wir
überlassen ihn seinem Schicksale, um ihn in andern ver-
änderten Verhältnissen wieder auftreten zu lassen.

Du aber, junger Leser, beherzige, was du vernommen; sind deine Lehrjahre etwa nicht in gleichem Grade

angewandt worden, wie Theodor die seinigen anwandte,
o so richte deine Wanderjahre so ein, daß du das etwa
Versäumte in ihnen nachholest.

Denke, nie ist es zum Lernen zu spät, zur Besserung ist jeder Augenblick der rechte.

Viertes Kapitel.

Aufenthalt in Rom.

In Rom lebte in einem einsamen Häuschen auf
der rechten Seite des Tiberufers seit einiger Zeit ein
junger Maler, der den Nachbarn als ein wahrer Sonn-
derling erschien, und wirklich hatten sie nach ihrer Meinung das gegründetste Recht dazu, denn jener junge
Mann besuchte nie die Weinhäuser, war hingegen regelmäßig in der benachbarten Kirche zu finden, wo er täglich dem heiligen Meßopfer mit der größten Andacht
beiwohnte.

Bei keiner der vielen in Rom existirenden Künst-
lergesellschaften war er zu treffen, dagegen öfter in einer
von Roms weltberühmten Bibliotheken. Er malte meistens religiöse Gemälde, hatte sich aber auch schon an
großartige, historische Momente des Alterthums mit
Glück gewagt.

Die alte Wittwe, bei welcher er wohnte, konnte ihn
nicht genug rühmen; „er ist zu meinem Heile in mein
Haus gekommen,“ sagte sie, „mein Söhnlein Andreas
unterrichtet er im Zeichnen, damit er auch einst ein tüch-
tiger Baumeister, wie sein Vater einer war, werden möge,
seinen Miethzins zahlt er pünktlich, und wenn ihr sehen
könntet, wie er malt, ach! er malt Madonnen und Kru-
zifire so schön, daß Andacht über einen kommt, wenn
man diese nur ansieht.“

Wer ist wohl dieser junge Mann, den die arme
Wittwe den Trost ihrer alten Tage nennt? Es ist

Theodor. Vor ungefähr einem Jahre war er von Ve=
nedig kommend durch die öde Campagna mit ihrem dü=
stern Schweigen, wo nur die Ruinen der Vorzeit mit
beredter Zunge zu dem gebildeten Wanderer sprechen,
gezogen und eines Nachmittags durch das Volksthor in
die ehemalige Hauptstadt der Welt eingetreten.

Begeistert eilte er in den ersten Tagen von einem
Meisterwerke der Bildhauerkunst zu einem der Ma=
lerei, und von diesem zu den Werken der Baukunst,
glücklich, wenn er Abends ein Obdach unter irgend einem
alten Triumphbogen oder unter einer Säulenhalle fand.
Seinen Hunger stillte er mit Brod am nächsten Bäcker=
laden, seinen Durst mit Wasser aus einem der vielen
öffentlichen Springbrunnen.

Eines Abends kam er so eben von der Beschauung
des alten Colosseums her, als ihn ein altes Mütterchen
anbettelte. Mitleidig redete Theodor, durch Widolf's
Unterricht der italienischen Sprache kundig, die Alte an,
und erfuhr von ihr, daß ihr Mann erst neulich gestor=
ben sei und sie mit einem zehnjährigen Sohne arm und
hilflos zurückgelassen habe, nachdem seine lange Krank=
heit ihre letzten Habseligkeiten aufgezehrt habe.

Der redliche Ausdruck ihrer Züge verbürgte Theo=
dor die Wahrheit ihrer Worte; er ließ sich ihre Woh=
nung angeben, und da das kleine Häuschen ihr gehörte
bezog er das obere Stockwerk desselben, obwohl er auch
mit einem kleinen Stübchen zufrieden gewesen wäre, um der
Wittwe auf diese Weise mehr Einkommen zu verschaffen.

Da nun Theodor ihr Söhnchen in Hut und Auf=
sicht nahm, so konnte die Alte oft etwas durch Arbeit
verdienen, was sie früher, wenn sie nicht ihren Knaben
verwahrlost unter den Gassenbuben herumlaufen lassen
wollte, nicht konnte.

Theodor machte sich seinen Aufenthalt in Rom auf
das Beste zu Nutzen; unermüdet zeichnete er, und machte
auch solche Fortschritte, daß er mehrere Bilder um sehr
hohen Preise verkaufen konnte und dadurch nicht nur in

den Stand geſetzt ward, die Wittwe zu unterſtützen,
ſondern auch nahmhafte Summen zu erübrigen.

Aber nicht immer ſcheint die Sonne, Gott ſchickt
auch zuweilen Regen und Sturm, und auch im Men=
ſchenleben iſt es ſo. Zwei Jahre hatte nun Theodor in
Rom verweilt. Er feierte den Tag ſeiner Ankunft damit
daß er das allerheiligſte Sakrament des Altars empfing
und den Tag mit Gebet und Spazirengehen zubrachte.

Die Trümmer der Paläſte der frühern römiſchen
Kaiſer zogen ihn an; wo früher das goldene Haus
Nero's geſtanden, ſchauten ihn grüne Eidechſen mit
hellglänzenden Aeuglein verwundert an, als wollten ſie
fragen: „Fremdling, warum ſtörſt du uns? die alte
Herrlichkeit, aber auch die alte Grauſamkeit iſt vergan=
gen und kehrt nie wieder zurück."

Tief ergriffen über das Vergängliche alles Zeitlichen
verfügte ſich Theodor in die Stadt zurück. Es war
ſchon ſpät am Abende, als er durch eine einſame Gegend
der Stadt dahinſchritt; plötzlich vernahm er Hilferuf,
und da Ueberfälle, Diebſtähle und Mordthaten in Rom
zu damaliger Zeit eben nichts Seltenes waren, ſo zog
Theodor eilig das Schwert und eilte dem Orte zu, von
dem der Hilferuf kam.

Bei ſeinem Anblicke ergriffen zwei Männer die Flucht,
während ein dritter, wahrſcheinlich der Angriffene, leb=
los liegen blieb. Theodor bückte ſich nach demſelben,
um zu ſehen, ob noch irgend Hilfe möglich wäre, doch
ſah er bald, daß hier nichts mehr zu helfen ſei. —
„Gott ſei ſeiner armen Seele gnädig!" ſprach Theodor,
machte ein Kreuz über den Todten und wollte ſich ſo
eben entfernen, um einem der Nachtwächter das Erleb=
niß zu melden, als mehrere Sbirren *) herbeikamen und
als ſie den Todten gewahrten, Theodor ſogleich ergriffen,
ihn trotz ſeiner Erzählung des Vorfalls banden und mit
ſich fortführten.

Im Gefühle ſeiner Unſchuld ließ es Theodor ge=

---

*) Römiſche Polizeidiener.

scheßen, bat nur, ihn der Fesseln zu entlebigen, indem er ihnen freiwillig zu folgen versprach. Doch da redete er zu tauben Ohren; „meinst du," sagten die Sbirren „du hättest es mit Kindern zu thun, nein, nein, vorgefunden, festgebunden!" Mit einem wehmüthigen Blicke gegen Himmel folgte er schweigend, indem er an Jesu dachte, der auch unschuldig gefangen, und nicht nur gefangen, sondern auch zum Tode verurtheilt worden war. Die Sbirren führten ihn in das Gefängniß und verschlossen die Thüre wohl hinter ihm, und Gott! welch ein Aufenthalt war dieses! Voll Feuchtigkeit und Modergeruch, durch eine kleine Schießscharte drang kaum hinlängliche Luft herein, und zum ersten Male seines Lebens kam Furcht und Zaghaftigkeit über seine Seele.

Thränen drangen aus seinen Augen, wenn er überdachte, daß er vielleicht am Tage des Abschieds zum letzten Male das Angesicht der theuren Eltern, der lieben Schwester, des freundlichen Lehrers gesehen habe, zum letzten Male das stille Kloster, das grünende Waldthal, die traute Heimath.

Doch bald ermannte er sich wieder; soll eine kurze Gefängnißzeit, dachte er, meinen Geist abstumpfen, mein Zutrauen zu Gott mir ganz rauben? noch lebt ja der alte Gott, der Allvater, der den Wurm im Staube wahrnimmt, er wird auch meiner nicht vergessen, er wird sich meiner Noth erbarmen. — Die ganze Nacht flehte er zu Gott, denn auf das faule Strohlager niederzuliegen, wo Unken hausten, hatte er keine Lust, obgleich er vor Ermüdung kaum mehr stehen konnte.

So brachte er die Zeit bis zum andern Tag zu, als ihm ein Gefängnißwärter ein Stück verschimmeltes Brod nnd ein Krüglein schlechtes Wasser durch das Gitter der Thüre schob und ohne auf Theodors Fragen zu antworten sich schnell entfernte.

So vergingen sechs Tage. Wohl zwang ihn inzwischen die fürchterlichste Erschöpfung, auf das faule Strohlager niederzusinken, doch im Schlafe quälten ihn fürchterliche Träume.

Jede Mittagsstunde wurde ihm die kärgliche Nahrung gebracht und ließ die schon gehegte Hoffnung auf baldige Erlösung immer wieder zu nichte werden.

Endlich am achten Tage wurde er aus dem Gefängnisse vor den Richter geführt, auf den Theodor's Jugend und unschuldiges Aeußere den sichtbarsten Eindruck machten; er hörte seine Aussage an und sagte: „Gerne wollte ich euch glauben und euch sogleich frei lassen, doch muß ich vor der Hand noch Erkundigungen über die Wahrheit eurer Aussage einziehen."

Doch befahl er, Theodor nicht mehr in das öde, für Verbrecher der gemeinsten Gattung bestimmte Gefängniß, sondern an den Ort zu bringen, wo Bettler, Landstreicher oder sonst verdächtige Personen aufbewahrt werden.

Theodor dankte dem Richter auf das Herzlichste, und derselbe versprach ihm, seine Angelegenheiten sobald als möglich zu erledigen.

Theodor wurde in das ihm nun angewiesene Gefängniß geführt; es war ein großer Saal, in welchem der Auswurf der Menschheit versammelt zu sein schien; zerlumpte Männer und Weiber, Knaben und im Laster ergraute Greise machten die Bewohner desselben aus.

Alle empfanden, wie es schien, die größte Freude über seine Ankunft, und ein zerlumpter Kerl trat auf Theodor zu, um ihn zu bitten, ihnen, wenn er Geld habe, einiges zu geben, um auf seinen glücklichen Ein- und Ausgang, wie er sich ausdrückte, zu trinken.

Theodor that es und der Gefängnißwärter wurde sogleich abgeschickt, um Wein herbei zu holen, von welchem Getränke er bald einen großen, ungeheuern Krug voll brachte, der nun, da sonst keine Gefäße vorhanden waren, von einem Munde zum andern wanderte.

Nur Theodor fühlte, wie sich leicht denken läßt, durchaus keine Trinklust.

An einem der hohen Fenster, die auf die Tiber hinausgingen und, um das Entkommen der Gefangenen zu verhindern, mit starken Eisenstäben verwahrt waren, saß Theodor; er betete zu Gott, ihm Hilfe zu bringen,

4 *

und schaute bald durch die Eisenstäbe hinaus in die öde Campagna, bald wieder auf das eckelhafte Treiben zu seinen Füßen, in das Gewühl der Trunkenen und überließ sich seinen traurigen Betrachtungen.

Schon lange hatte er des süßen Schlafes entbehrt, und auf seine Bitte, die von einem Stück Geld unterstützt war, brachte ihm der Gefangenwärter gern eine Schütte frischen Strohes, und so konnte sich Theodor doch ohne Ekel dem Schlafe überlassen.

Am andern Tage mußte er den zahlreichen Mitgefangenen seine Geschichte erzählen! Alle lachten laut auf, als er erzählte, daß er habe einem Angefallenen Beistand leisten wollen und darüber in das Gefängniß gekommen sei.

„O Signore!" sagte einer, „wer einmal einen Stich von geübter Faust erhalten hat, dem hilft weder Doktor noch Apotheke; ich habe, so lange ich lebe, schon mehr als zehn vor meinen Augen niederstechen gesehen, ohne jemals den vergeblichen Versuch zu machen, mich darein zu mischen. Vor so etwas behüte mich St. Antonio!"

Ein anderer der Eingekerkerten, ein Landmann aus der Gegend von Genziano, äußerte: „Da der Herr seinem Geständniß nach ein Maler ist, so könnte er uns wohl den Gefallen thun, uns die Madonna mit dem süßen Jesusknaben auf die Mauer zu zeichnen, damit wir unsern Rosenkranz doch vor ihr auf christliche Manier beten können."

„Du hast ganz recht!" riefen Alle und drangen so lange in Theodor, bis er sich dazu entschloß; der wacklige Tisch wurde nun vor den am schönsten und reinlichst erhaltenen Theil der Mauer gestellt, Theodor stieg hinauf, eine vom Gefangenwärter herbeigebrachte Kohle mußte das Zeichnungsinstrument abgeben, und so zeichnete er emsig und fleißig.

Welch ein Schauspiel! in der Mitte der ruhig und emsig zeichnende Maler, über Alle erhaben sowohl in irdischer als geistiger Beziehung, umgeben von der aufjubelnden und frohlockenden Menge, die wie toll und

verrückt ihre Freude zu erkennen gab, als aus dem An=
gesichte der Madonna Zug für Zug sichtbar hervortrat
und sie bald freundlich auf die lärmende Menge herab=
schaute, während das Jesuskind ernst den Finger gen
Himmel hob, als wollte es damit sagen: „Nur das
Eine ist Noth, thut Buße, bessert Euch!"

Endlich war das Bild vollendet, und die Männer
dankten Theodor mit einer Artigkeit, die er bei diesen
ungebildeten Leuten nicht erwartet hätte; auch der Ge=
fangenwärter staunte das Bild an und sagte: „Wahrlich,
Herr Maler, Ihr seid werth, mein Gefangener zu sein;
damit Ihr aber seht, daß ich ganz uneigennützig bin, so
will ich den ganzen Vorfall sogleich dem Herrn Richter
melden; vielleicht ist es Euch nützlich."

Freundlichst dankte Theodor und schöpfte schon Hoff=
nung, diesen Aufenthalt des Schreckens bald wieder ver=
lassen zu dürfen; doch noch zwei Tage mußte er in dem
Gefängnisse zubringen, in welcher Zeit öfters Einige
entlassen, Andere aber als neue Bewohner aufgenommen
wurden.

Im Vertrauen auf Gottes allwaltende Vorsehung
blieb Theodor doch getrosten Muthes; endlich am dritten
Tage führte man ihn vor den Richter, und mit klopfen=
dem Herzen trat Theodor vor den Mann, der vielleicht
über sein Lebensschicksal zu entscheiden hatte.

Doch freundlich sprach zu ihm der Richter: „Da
sich Eure neulichen Aussagen als wahr erwiesen haben,
auch gegen Euern sonstigen moralischen Lebenswandel
sich keine Klage erhebt, der Ermordete aber als ein fal=
scher Spieler bekannt war, worüber man seither Nach=
forschungen angestellt hat, so kann man wohl glauben,
daß zwei Männer, denen er kurz vorher ihre sämmtliche
Baarschaft abgenommen hat, seine Mörder sind. Ich
entlasse Euch daher, junger Mann, gebe Euch jedoch
den redlichen und aufrichtigen Rath, Euch in Zukunft
vor Einmischung in derlei Angelegenheiten zu hüten,
denn es hätte leicht geschehen können, daß man die Folter

gegen Euch angewandt hätte, die Eure Nerven wohl
kaum ausgehalten haben würden."

Herzlich war der Dank, den Theodor dem guten
Richter aussprach; dieser drückte ihm die Hand und
Theodor entfernte sich hierauf. Die Sonne schien ihm
heller, als er wieder in's Freie gekommen war, das
Gras grüner, frohlockend jauchzte die Lerche ihr Lied
hoch über den Trümmern des alten Roms, er athmete
die frische Luft in langen Zügen ein und eilte dem
Hüttchen der Wittwe zu. Sein Weg führte an einer
Kirche vorbei, gerührt verfügte er sich hinein, dankte Gott
aus dem Grunde seines Herzens und betete lange mit
tiefer Andacht. Der Abend brach an, als er sich ent=
fernte, und er bog soeben um eine Ecke der Straße, als
er ein Madonnenbild in einer Nische gewahrte, vor wel=
chem calabresische Hirten und Landleute eine Lampe an=
gezündet hatten und Maria mit folgendem einfachen
Liede priesen:

Wir grüßen dich heute mit frohem Sinn,
Maria, der Engel Königin;
Dich führten die Engel im Erdenthal,
Dir dienen die Engel im Himmelssaal, —
Sei uns gegrüßet mit frohem Sinn,
Maria, der Engel Königin.

Herzlich stimmte Theodor in das einfache und ge=
müthreiche Lied ein, schon war es Nacht geworden, als
er vor dem Häuschen an der Tiber stand, trüb sah es
aus, nur ein einziges Lämpchen schimmerte aus einem
Fenster des Erdgeschosses.

Leise steckte Theodor seinen Hausschlüssel in die
Thüre und öffnete langsam, leise schlich er durch die
Hausflur, als er in dem Wohnzimmer der Wittwe leise
beten hörte; unwillkürlich hielt er stille, im Zimmer
hatte man so eben den Rosenkranz vollendet, und die
Mutter sprach: „Nun, lieber Andreas! bete noch das
Abendgebet zu Gott und Maria für deinen freundlichen
Lehrer, den braven Theodor."

Nun betete der kleine Andreas drinnen mit lauter

Stimme und großer Andacht: „Sieh, lieber Vater im Himmel! ich habe keinen Vater mehr auf der Welt, wir haben Niemanden in der Stadt, der uns beisteht, als unsern Miethsmann, den freundlichen Theodor, den du uns zur Zeit der Noth zu Hilfe gesandt hast, er liegt nun schwer angeklagt im Kerker, o gib, lieber Vater, daß er bald wieder frei wird, denn er ist gewiß un= schuldig; blicke gnädig herab auf mich arme Waise, dessen einzige Stütze abwesend ist, vielleicht gar sich in Todesgefahr befindet! Auch du, o allerheiligste Jung= frau Maria! steh uns bei und bitte bei deinem Sohne, bei unserm Erlöser und Seligmacher, für uns und ihn!

O Maria! Mutter und Magd,
Des Herzens Gram sei dir geklagt;
O steh uns bei in der Noth,
Wie im Leben, so auch im Tod!"

„Ja, sie steht uns bei in der Noth, wie im Leben, so auch im Tod!" rief Theodor mit lauter Stimme und trat durch die Thüre zu den erstaunten, fast erschrockenen Betenden. Doch sie erkannten Theodor, der freundlich auf sie zutrat und zu Andreas sprach: „Ich danke dir, lieber Knabe, daß du meiner so herzlich im Gebete ge= dacht hast."

„Seit der Zeit," begann die Wittwe nach der ersten Ueberraschung, „seit der Zeit, als Ihr nicht mehr nach Hause gekommen, haben wir stets für Euch gebetet; alle unsere Nachforschungen, die wir nach Euch anstellten, waren vergebens; erst gestern kam eine Gerichtsperson zu uns, welche die genauesten Fragen über Euer Leben und Betragen stellte, Alles aufschrieb, und als ich ihr meine Angst und unser Verhältniß zu Euch schilderte, mir endlich geheimnißvoll mittheilte, Ihr wäret Gefan= gener in der Engelsburg und auf Leben und Tod ange= klagt; was blieb uns nach diesen schreckensvollen Worten übrig, als unser Vertrauen auf Gott und auf Eure Un= schuld zu setzen?"

Herzlich dankte Theodor, nochmals knieten sie nie= der und brachten dem Allmächtigen ihren Dank dar; erst spät verfügten sie sich zur Ruhe, und Theodor schlief nach so vielen Anstrengungen des Leibes und der Seele einmal wieder recht ruhig.

Obwohl des Aufenthaltes in Rom jetzt beinahe überdrüssig, wollte Theodor doch den Zweck, wegen dessen er gekommen, nicht aus den Augen verlieren und beschloß, noch ein Jahr zu bleiben. Doch seine abendlichen Spaziergänge an unbewohnten Orten unterließ er jetzt und getraute sich kaum mehr, am Abend durch die bevölkertsten Quartiere der Stadt zu gehen.

Einst, es war an einem Sonntage, besuchte er die Ruinen des alten Colosseums, eines Gebäudes, von welchem er in dem alten Buche des Mönches Beda gelesen hatte, daß, als die ersten nordischen Pilger Rom erblickten, sie bewundernd ausriefen: „So lange das Colosseum steht, wird Rom stehen, und wenn das Colosseum fällt, so wird Rom fallen, und fällt Rom, so fällt die ganze Welt!“

Theodor dachte daran, wie hier einst die blutigen Fechterspiele bewundernd, Tausend und Tausende saßen, wie über die Zuschauer, sowie über das Gebäude unaufhaltsam, allgewaltig die nie ruhende Zeit hingezogen ist, und welche wunderbaren Veränderungen sie in diesen Römern hervorgebracht hat. Einst rann dort über jene moosbewachsenen Steine das Blut der christlichen Märtyrer, die von Löwen und andern wilden Thieren zur Augenweide des römischen Volkes zerrissen wurden, und jetzt herrscht in eben der Stadt, wo diese entsetzlichen Schauspiele geschahen, der oberste Priester der damals so verfolgten Religion; selbst bis in dieses blutbespritzte Haus sind ihre Siegeszeichen gedrungen, und vierzehn Stationsbilder, das Leiden und Sterben unseres göttlichen Heilandes vorstellend, schmücken jetzt den blutbefleckten, gräuelvollen Ort und triumphiren gleichsam über dieses Denkmal aus alter Heidenzeit.

Wie Theodor so dastand und diese gewaltigen Erinnerungen an ihm vorüberzogen, näherte sich ihm ein junger Mann, der ihn freundlich anredete, und so zurückhaltend Theodor gewöhnlich auch war, so floß ihm bald, da er in dem Fremden einen Geistesverwandten entdeckte, der Mund von dem über, was das Herz empfand.

Der neue Bekannte war aus Florenz gebürtig und seiner Kunst nach ein Goldschmied, der sich aber auch im Gießen von Bildsäulen und kleinen Statuen rühm= lichst auszeichnete. Er hatte Italien schon in allen seinen Theilen bereist, und war ebenso vortrefflich als Künstler, als er ein wahrhaft frommer und aufrichtiger Christ war.

Nachdem sie lange mit einander gesprochen, führte Benvenuto, so hieß der junge Künstler, unsern Theodor mit sich in seine Wohnung, welche hoch oben am tra= pejischen Felsen lag, und gerne folgte Theodor, hatte er doch schon lange das Bedürfniß gefühlt, sich an Jeman= den anzuschließen, der mit ihm übereinstimmend dachte.

Erstaunt blickte Theodor dort umher. Zeichnungen der besten Bildhauerwerke Roms schmückten die Wände, prächtige in Wachs bossirte Kelche und Monstranzen standen auf Büchergestellen, die hinwiederum das Beste der damals schon in ihrer Blüthe stehenden Buchdrucker= kunst enthielten. An der Wand hingen Gewehre und Büchsen, während alte Römerschwerte und Dolche zum Theil mit neueren Arbeiten der Art sich in einem Glas= schranke befanden.

„Nicht wahr, bei mir sieht's seltsam aus?" sagte Benvenuto, „ich habe schon manchen sauer erworbenen Scudi auf dergleichen Sachen verwandt, möge ich deß= halb doch nicht in Euern Augen verlieren."

„O nein!" entgegnete Theodor, „auch ich habe Freude an dergleichen Seltenheiten und würde gewiß schon viel Geld daran gewandt haben, wüßte ich nur, wie ich sie dann in meine Heimath bringen könnte."

„Hier," sagte Benvenuto, „habe ich Raritäten, die sich schon leichter fortbringen lassen;" er schüttete dabei einen großen Lederbeutel, den er aus einer verschlossenen Schublade genommen hatte, auf den Tisch, und die schönsten römischen und griechischen Münzen in Gold und Silber fielen heraus.

Bewundernd schaute Theodor das herrliche, feine und zierliche Gepräge derselben an und äußerte den Wunsch, auch einige derselben zu besitzen.

Benvenuto suchte sogleich Alles, was er doppelt hatte, zusammen, es waren bei 36 Stücke, und gab sie Theodor mit den Worten: „Malet mir ein schönes Bild dafür und ich bin dann hinreichend dafür belohnt."

Herzlich gerne versprach es Theodor, und über dem Ansehen der theils selbst von Benvenuto gefertigten, theils von ihm gesammelten Kunstsachen kam der Abend herbei; Theodor äußerte sein Bedauern, sich verspätet zu haben, indem er zugleich dem neuen Freunde erzählte, was ihm erst neulich begegnet war. Herzlich bedauerte ihn Benvenuto, nahm einen langen Degen von der Wand, gürtete sich denselben um und begleitete Theodor nach Hause; an der Thüre nahm er Abschied und versprach, bald zu ihm zu kommen und ihm einen Gegenbesuch zu machen.

Am vierten Tage erfüllte Benvenuto sein Verspre= chen. Er war überrascht von den Malerwerken Theo= dor's und freute sich, die gute Meinung, die er von ihm gleich bei seinem ersten Anblicke gehegt hatte, so herrlich in Erfüllung gegangen zu sehen, indem sie die Vorstellung, die er von Theodor's Kunstfertigkeit hegte, bei weitem übertrafen.

Theodor zeigte seinem neuen Bekannten ein bereits angefangenes Gemälde, welches er ihm als Gegengeschenk für die so freundlich gegebenen Münzen bestimmt hatte. Es stellte den heiligen Apostel Petrus vor, wie er ge= fangen nach Rom abgeführt wurde.

Benvenuto war herzlich erfreut über die jetzt schon aus dem ganzen Werke hervorleuchtende Schönheit des Bildes und brachte die Zeit recht angenehm bei seinem neuen Bekannten zu; beide waren aber zu klug, als daß sie ihre Zeit nur dem Vergnügen gewidmet hätten, daher Benvenuto sich bald wieder entfernte, und es wurde be= schlossen, den nächsten Sonntag bei einander zuzubringen, worauf sie sich Beide trennten und mit erneutem Eifer an ihre Berufsgeschäfte gingen.

Die Tage der Woche gingen ihnen rasch vorüber und ehe sie sich's versahen, war es wieder Sonntag; nach geendetem Gottesdienste besuchte Theodor Benvenuto, und dieser erzählte ihm seine bisherige Lebensgeschichte.

„Ich bin," begann er, „der Sohn eines Töpfers in Florenz, und hatte schon von Jugend auf große Neigung zur Bildnerei, so daß mein Vater mich gerne etwas Anderes, als seine eigene Profession lernen lassen wollte, wenn er es nur bei seinen beschränkten Verhältnissen und Vermögensumständen im Stande gewesen wäre.

„Da geschah es eines Tages, daß mein Vater in dem Hause des weltberühmten Goldschmiedes und Stempelschneiders Francia einen neuen Kamin einrichten sollte, und während ich den alten abzutragen begann, entfernte sich mein Vater, um ein Werkzeug zu holen, das er mitzunehmen vergessen hatte.

„Ich war allein im Zimmer und mit meiner Arbeit beschäftigt, als ich plötzlich zwischen dem Gesimse des alten Kamines etwas Glänzendes hervorschimmern sah; begierig hob ich die Platte, welche ohnehin abgetragen werden sollte, in die Höhe, und suchte des glänzenden Gegenstandes habhaft zu werden, welches mir auch dadurch gelang, daß ich an ein Hölzchen etwas Lehm klebte und ihn damit hervorholte.

„Es war ein herrlich funkelnder Stein, der nach meiner damaligen Meinung wohl werthvoll sein mochte, denn bei unserem Nachbar, dem Glaser, hatte ich oft dergleichen kleinere gesehen, mit welchen er das Glas zu schneiden pflegte, und wenn ich sie in die Hand nehmen wollte, hatte mir dies der Glaser mit den Worten verwehrt: „Kind, das ist kein Spielzeug, das kostet schweres Geld," und das waren doch nur kleine Stückchen, der Stein aber, den ich jetzt in Händen hatte, war fast so groß, wie eine Haselnuß.

„Ich gab den Stein meinem Vater, der ihn sogleich in das Arbeitszimmer des Goldschmieds trug, welcher vor Freude beinahe außer sich war, den lang und hart vermißten Stein so unverhofft wieder zu sehen. — Ich mußte erzählen, wie ich ihn gefunden, und der Goldschmied erinnerte sich jetzt, was ihm früher nie eingefallen war, den Stein auf das schadhafte Kamingesims gelegt zu haben, wo er dann durch einen Riß hinuntergefallen sein mochte.

„Er hatte auch große Freude über meine Redlichkeit, besonders als ich ihm erzählte, daß ich wohl vermuthet, daß der Stein werthvoll sei. Ich staunte, während er mit meinem Vater redete, immer seine herrlichen Arbeiten an, und da er von meinem Vater vernahm, daß ich immer bilden und bossiren wollte, nahm er mich unentgeltlich in die Lehre und brachte mir seine hohe Kunstfertigkeit bei. Da ich nach vollendeten Lehrjahren noch einige Jahre als Geselle bei ihm blieb, so gewann er mich immer lieber, und versprach mir die Hand seiner einzigen Tochter, welches Versprechen er wohl auch gehalten hätte, wenn nicht der Tod den trefflichen Mann unvermuthet ereilt haben würde; in seinem hinterlassenen Testamente hatte er mir jedoch in Anbetracht meiner Treue und Rechtlichkeit eine bedeutende Summe ausgesetzt. Er ruhe im Frieden Gottes. —

„Seine Tochter Julie hatte sein ganzes großes Vermögen geerbt, und da ihr die Aufmerksamkeiten und Schmeicheleien der Edelleute und Cavaliere, welche zum öftern, um Bestellungen zu machen, in den Laden ihres Vaters kamen, stets besser gefallen hatten, als ich, der ihr freilich nie eine Schmeichelei sagte, so wurde die Werkstätte geschlossen und das Haus verkauft, und sie heirathete einen jungen Edelmann aus Neapel.

„Mein Vater war indessen, Gott gebe ihm die ewige Ruhe! — gestorben, meine Mutter folgte ihm, und nachdem ich einige Zeit in andern italienischen Städten gearbeitet hatte, zog ich hieher, um mich im Bildformen besser zu vervollkommnen.“

Benvenuto schwieg, Theodor drückte ihm schweigend die Hand, und sagte nach einer kurzen Pause: „Armer

Freund, Du haft also Niemand mehr auf der Welt, der irgend Antheil an Dir nimmt; da bin ich glücklicher, und obwohl ich nun schon faſt zwei Jahre keine Nachricht mehr aus der Heimath habe, ſo hege ich doch den feſten Glauben, daß die Meinigen alle noch leben. Gott gebe, daß ich ſie im beſten Wohlſein wieder antreffen möge und ihnen noch erzählen kann, wie mir Gott im fernen Lande einen treuen lieben Freund geſchenkt.“ — Sie gingen nun miteinander ſpazieren und auch noch einmal in die Abendandacht in eine Kirche, und bei jedem Worte, das aus dem Munde Benvenuto's kam, überzeugte ſich Theodor mehr von ſeinem Verſtande und ſeiner Herzensgüte, und er dankte Gott herzlich im frommen Gemüthe, daß er ihm dieſen treuen Freund geſandt habe.

Der Carneval nahte ſchon heran, und Theodor, der ſich noch gar nie in das öffentliche Treiben Roms gemiſcht hatte, wurde durch die Erzählungen Benvenuto's lebhaft angeregt, ſich heuer die Sache auch anzuſehen.

Nach dem Tage der Feſte der heiligen drei Könige wurde wie gewöhnlich mit der Glocke des Kapitols, die ſonſt nur bei außerordentlichen Anläſſen, z. B. bei dem Tode des Papſtes gezogen wird, das Zeichen zum Anfange der Luſtbarkeit gegeben, und von dieſer Stunde an darf in Rom Alles maskirt gehen.

An einem der letzten Tage des Carnevals ſaßen in den obern Zimmern eines Weinhauſes am Corſo unſere Freunde bei einem Glaſe Wein genügſam beiſammen und ſchauten durch die Fenſterſcheiben auf den großen von vielen tauſend Menſchen angefüllten Platz hinab.

Viele hundert Kutſchen fuhren in zwei Reihen auf und nieder, und ſowohl die Herrſchaften in den Wagen, als Kutſcher, Pagen und Bedienten außerhalb, Alles war verkleidet.

Die Kutſchen waren alle geöffnet, und man konnte die Perſonen, die darin ſaßen, ſehr wohl ſehen; die Pferde waren mit Bändern und Glocken geziert, Harlekine liefen von einem Wagen zum andern und ſagten den darin Sitzenden fade Schmeicheleien oder dumme Poſſen.

„Wirklich ein Schauspiel ohne Gleichen!" rief Theodor aus, „und wohl werth, daß man es ansieht;" doch Benvenuto meinte, es gehe mit dem Carnevale alle Jahre rückwärts, denn im vorigen Jahre sei es in seiner Vaterstadt Florenz ganz anders gewesen. „Am heutigen Tage," sagte er, „versammelten sich dort auf dem Platze zum heiligen Kreuze eine ungeheure Zahl, zehntausend Menschen oder mehr, und viele mit den kostbarsten Juwelen, wie ich mit meinen Kenneraugen bemerkte, geschmückt; da sah man Kaiser und Könige, Narren und Teufel, ja die Masken bemühten sich sogar, ihr Geschlecht zu verbergen, so daß sich die Männer in Weiber, und diese in Männer verkleideten.

„Ja, das Ganze beschränkte sich nicht blos auf diesen Platz, sondern auch außerhalb desselben stieß man bei jedem Schritte auf Kutschen und seltsame Arten von Wagen. Auf einem derselben sah ich z. B. den Kutscher in Gestalt eines Bären, und den Wagen mit Musikanten gefüllt, die in den abenteuerlichsten Anzügen, als Affen oder Meerkatzen 2c., erschienen; selbst die Pferde dieses Wagens hatten ihre natürliche Gestalt nicht behalten, sondern erschienen als Hirsche, Maulthiere und Kameele."

Dies und noch mehr erzählte der begeisterte Italiener dem tiefsinnig in's Gewühl blickenden Theodor. Dieser aber sagte: „Mir gefällt dies tolle Rasen der Menge durchaus nicht; wenn auch nur halb so viel Böses dabei geschieht, als man muthmaßlicher Weise erwarten kann, so ist und bleibt es dennoch eine unschickliche Vorbereitung zu der feierlichen Erinnerung des Todes Jesu, der uns nicht ein Beispiel der Ueppigkeit, sondern der Verleugnung gegeben hat."

Benvenuto war nicht zufrieden mit dieser neuen Art, das Lieblingsvergnügen seiner Landsleute aufzufassen, da er jedoch wirklich ein sehr gebildeter und dabei religiöser junger Mann war, so sprach er nach kurzem Stillschweigen: „Du kannst Recht haben, theuerster Freund, ich selbst halte diese bunte Völlerei für etwas zu grell, besonders wenn ich bedenke, daß sich dieselbe am Ascher-

mittwoch endigt und hierauf in innige Betrübniß über=
geht. Ja ich habe schon oft Personen, die ich die größ=
ten Ausschweifungen begehen sah, auf einmal in ernst=
hafte, trauernde Büßer verwandelt erblickt, und ich kann
nach diesen Gedanken, die deine ebenso weise, als wahre
Bemerkung in mir hervorgerufen hat, wohl nie wieder
einen Carneval mit dem alten und frohen Gefühle an=
sehen.

„Nun kommt die Fastenzeit und nach dieser der
Palmsonntag, mit welchem Tage die hohen Feierlichkeiten
und Ceremonien ihren Anfang nehmen. Zu diesen will
ich dich führen, und fürwahr! es wird deinen Reigungen
gewiß besser entsprechen, als das Schauspiel, welches sich
hier unten unsern Blicken darbietet.“

Theodor hatte in den beiden Jahren, in welchen er
zur österlichen Zeit in Rom war, von den für ein ka=
tholisches Gemüth ebenso rührenden, als großartigen
Feierlichkeiten nur wenig gesehen, und freute sich daher
sehr darauf, unter Benvenuto's Leitung Gelegenheit zu
haben, ihre ganze Pracht anzustaunen.

Der Palmsonntag war endlich gekommen; Benve=
nuto erfüllte sein Versprechen und führte Theodor in
die sogenannte Sixtinische Kapelle, in welcher heute die
Palmweihe stattfinden sollte.

Es versammelten sich dabei die Cardinäle; ihnen
gegenüber befanden sich die Oberhäupter und Generale
sämmtlicher geistlicher Orden und Bruderschaften, amphi=
theatralisch geordnete Stufensitze waren von dem höchsten
Adel und den vornehmsten Einwohnern der Stadt besetzt.

Etwas seitwärts von dem einfach geschmückten Hoch=
altare befand sich der Thron des heiligen Vaters und
unmittelbar neben demselben der Sitz des Oberhauptes
des römischen Magistrats.

Die abgesperrten Plätze der Kirche wimmelten von
Personen aus allen Ständen, welche sich drängten und
stießen, um Platz zu erhalten, bevor die Kirche geschlossen
wurde, welches mit dem Glockenschlage 11 Uhr geschah.
Bald darauf öffnete sich eine kleine neben dem Altare

befindliche Thüre, und heraus traten die höchsten römi=
schen Kirchenfürsten, unter ihnen die zwölf Mitglieder
des höchsten päpstlichen Gerichtshofes; ihnen folgte der
heilige Vater selbst in Begleitung seiner geistlichen Die=
ner und begab sich nach dem für ihn errichteten Thron.

Sobald der heilige Vater auf demselben Platz ge=
nommen hatte, näherten sich ihm die sämmtlichen Cardi=
näle und küßten den Fischerring des heiligen Petrus;
hierauf weihte der heilige Vater die Palmen und theilte
dieselben unter die Personen seines Gefolges aus.

Sodann begann eine prächtige Procession, nach
welcher die heilige Messe gelesen wurde und der Papst
dann den Segen ertheilte, worauf sich Alle in der näm=
lichen Ordnung, wie sie gekommen waren, wieder ent=
fernten.

Am darauffolgenden Mittwoch wurde in derselben
Kapelle das Miserere gesungen; in violetten Gewändern
versammelten sich unter dem Scheine zahlloser gelber
Wachskerzen die Cardinäle, und endlich erschien der hei=
lige Vater selbst.

Nun wurden Gesänge von unaussprechlicher Weh=
muth und großem Wohllaut gesungen, die einen unaus=
löschlichen Eindruck auf Theodor's Gemüth machten;
mitten unter diesen wunderbaren Tönen wurden nach
und nach alle Lichter ausgelöscht bis auf ein einziges,
welches den siegreich aus Grab und Todesnacht hervor=
gehenden Heiland bezeichnete.

Sobald nun tiefe Dämmerung an die Stelle der
frühern blendenden Helle getreten war und das von
hohem Entzücken strahlende Auge kaum noch die kolos=
salen Freskobilder *) auf Wänden und Decke unterschei=
den konnte, sanken der Papst und die Cardinäle und
mit ihnen sämmtliches Volk auf die Kniee, und nun be=
gann der unsterbliche Gesang des siebenundfünfzigsten
Psalmes, unstreitig das Ergreifendste, was das mensch=

---

*) Das jüngste Gericht, gemalt von M. Angelo Buonarotti,
Maler, Bildhauer, Baumeister und Dichter.

liche Ohr vernehmen kann. Zwei vierstimmige Chöre trugen ihn mit solcher Inbrunst, Zartheit und Harmonie vor, daß auch das kälteste Herz zu Thränen der inbrün=stigsten Andacht und des frommsten Entzückens hingerissen wurde.

Diese einfache, schmelzende, erhabene Musik klingt wie Töne aus einer andern Welt, wie Stimmen der nach Seligkeit ringenden Seelen, oder der Engel, die jenseits den Erlöser begrüßen.

Bei dem Klange dieser Stimmen schwieg in den Herzen der beiden Freunde jede irdische Regung, gött=liche Sehnsucht nach dem himmlischen Jenseits trat an deren Stelle; sie fühlten sich emporgehoben in eine höhere Region und meinten, sie ständen schon an den offenen Thoren des Himmels.

Endlich sind die Töne verhallt, aber lange noch war kein Athemzug hörbar in der ganzen Versammlung, und in tiefster Stille ging sie auseinander.

Am andern Tage wurde der Papst in eine Loge der Peterskirche getragen, und es trat nun einer der schönsten Momente in Theodor's Leben ein.

Der ganze ungeheure Petersplatz war von einer unzählbaren Menschenmenge besetzt; nirgends konnten die beiden Freunde Raum finden, und es blieb ihnen nichts übrig, als, wie bereits viele Andere vor ihnen gethan, eine der auf dem Platze stehenden kolossalen Statuen zu ersteigen, wo sie die ganze Fläche übersehen konnten.

Hier erschien dem erstaunten Auge ein Menschen=gewimmel, als ob die ganze Erde ihre Bewohner auf diesen Platz gesandt hätte, und die vielen tausend Zun=gen bewegten sich in ihren verschiedenen Sprachen wie ein brausendes Meer.

Während sie sich mit der Betrachtung dieses erha=benen Schauspiels beschäftigten, erschallte von zwei ent=gegengesetzten Seiten das laute Trompetengetöne der herannahenden Cavallerie. Zuerst erschienen in grüner, mit Gold geschmückter Kleidung, auf prächtigen, sich

bäumenden Rossen die römischen Edelleute und nahmen
die Mitte des Platzes ein, hierauf kamen die andern
Truppen und das ganze Corps salutirte vor der Thüre
des großen Balkons der Peterskirche, auf welchem der
heilige Vater erwartet wurde.

Glockengeläute ertönte, und in der ganzen unge=
heuren Volksmenge herrschte augenblicklich solche Stille,
daß man hätte glauben können, es sei ein Wunder vor=
gegangen. Kein Laut war zu vernehmen und jedes Auge
auf den Balcon gerichtet, wo plötzlich majestätisch und
erhaben wie auf einem Throne von Wolken, von Weih=
rauch umgeben, die ehrwürdige Gestalt des heiligen Va=
ters erschien.

Mit entblößtem Haupte stürzte sogleich die zahllose
Volksmenge auf die Kniee. Tausende und zehnmal zehn
Tausende knieten im Staube, mit schallendem Gerassel
wurden die schweren Musketen gestellt, und jeder Soldat
lag mit dem Gesichte zur Erde.

Mit weit vernehmbarer Stimme sprach nun der
Papst den Segen, und die Arme über das Volk hin=
streckend, flehte er zu Gott um Heil für a l l e Völker
der Erde.

Da knallten die Kanonen, die Trommeln wirbelten,
die Trompeten tönten, alle Glocken läuteten und die Feld=
stücke der Engelsburg stürzten ihren Donner in die Ferne;
weit entfernte Artilleriestücke wiederholten das Zeichen,
und die frohe Kunde ward von Festung zu Festung in
die entferntesten Provinzen des Kirchenstaates getragen.

Nach der Segensprechung folgte, wie Benvenuto
Theodor erzählte, die Fußwaschung. Dreizehn, meist
bejahrte Pilger, in weißes Linnen einfach gekleidet, sitzen
um einen Tisch, unter frommen Gesängen legt der Papst
Oberkleid und Tiare ab, umgürtet sich mit einem Schurz,
wäscht und trocknet jedem Pilger den rechten Fuß und
küßt ihn dann, und in einem anstoßenden Gemach
findet sodann die Speisung statt. Die dreizehn Pilger
empfangen aus der Hand des Papstes, welcher in
einfacher Haustracht erscheint, zuerst das Wasser zum

Händewaschen, alsdann Suppe und noch zwei andere Speisen und Wein.

Nach geendeter Mahlzeit erhalten die Pilger das sämmtliche Gedecke und überdies jeder zwanzig Geldstücke zum Geschenke.

Unser Theodor bedauerte, diese Ceremonie nicht sehen zu können, am Abend führte ihn Benvenuto jedoch in die St. Peterskirche, wo die Kreuzbeleuchtung stattfand.

Von dem Gewölbe der Kuppel herab, der prächtigsten in der ganzen Christenheit, über dem Grabe des Apostels Petrus schwebte ein kolossales Kreuz aus Messing, auf welchem 628 Lampen brannten.

Wie auf einem schönen Gemälde, das Theodor einst bei Meister Rogier gesehen, und welches die Geburt Jesu vorstellte, alles Licht vom göttlichen Kinde ausging, so ging auch hier alles Licht vom heiligen Kreuzeszeichen aus, wodurch in diesen heiligen Räumen ein ahnungsvoller Wechsel von Helle, Dämmerung und nächtlichem Dunkel entstand.

Unter dieser majestätischen Beleuchtung wandeln und wogen von Andacht durchbrungene Menschen, oder sie liegen auf den Knieen, die heiligen Reliquien des Schweißtuches, des Kreuzes und der Lanze verehrend, die von dem Bogen der Kuppel herab allen Gläubigen gezeigt werden.

Am Charfreitag, dem rührendsten Tage der ganzen Christenheit, fand die Trauermesse in der sixtinischen Kapelle statt, wobei die ganze Passion aus dem Evangelium Johannes gesungen und das Heiligthum alles seines Schmuckes entkleidet wurde.

Die Messe wird von einem Cardinal gehalten, der in ein schwarzes Trauergewand gekleidet ist, und hierauf geht die ergreifende Feierlichkeit der Enthüllung des Kreuzes vor sich. Nachdem der Cardinal das Kreuz auf ein reiches Kissen vor dem Altare niedergelegt hat, entkleidet sich der heilige Vater des Mantels und der Schuhe, so daß er nur noch im Chorhemd und der Stola

5 *

erſcheint, ſteigt vom Throne und nähert ſich mit bloßem
Haupte und barfuß dem Cruzifire; er kniet ſodann in
verſchiedener Entfernung dreimal vor ihm nieder und
ſcheidet hierauf mit einem Kuſſe von ihm.

Dieſe Feierlichkeit, bei welcher die ſämmtlichen Car-
binäle paarweiſe dem Papſte nachfolgen, findet unter
den ſanften Tönen der Chöre ſtatt, welche die ſogenann-
ten „Vorwürfe" ſingen, die mit den Worten anfangen:
„Mein Volk, was that ich dir, daß du mich ſchlugſt?"

Auf dieſe Geſänge folgt als glorreicher Schluß ein
prächtiges „dreimal heilig" von dem berühmten Compo-
niſten Paläſtrina.

Am Samſtag, dem Rüſttage des heiligen Aufer-
ſtehungsfeſtes, läutet man in der Stadt von 11 bis 12
Uhr mit allen Glocken; auf den Straßen, aus den Fen-
ſtern wird geſchoſſen, man zerſchlägt eine Menge alter
Töpfe zum Zeichen, daß das Ende der Faſten gekommen iſt.

Mit Verwunderung erblickte Theodor, wie mitten
unter den erhabenſten Kirchenfeierlichkeiten bei dem römiſchen Volke, das ſchnell vom melancholiſchen Andachts-
gefühle zum lauten Scherz und zur luſtigen Poſſe über-
geht, der Muthwille rege wurde.

Jetzt beginnen auch die Ausſtellungen der Fleiſch-
verkäufer; vor jedem Fenſterladen ihrer Wohnungen ſieht
man ſymetriſche Stufenleitern ſich erheben, die von
oben bis unten mit Schinken, Schweinsköpfen und
Speckſeiten belegt ſind, welche wiederum mit grünen
Guirlanden umgeben und mit Blumenſträußchen ge-
ſchmückt ſind.

Im Hintergrunde dieſer Läden, hell erleuchtet durch
eine Unzahl kleiner Wachskerzen, befindet ſich ein kleines
Heiligenbild, öfters auch das Bild der heiligen Jungfrau; hieher ſtrömt nun die luſtige Menge, um ſich dieſe
Herrlichkeiten zu betrachten und ſich an den prächtigen
Fleiſchwaaren zu weiden, deren Genuß nun wieder er-
laubt iſt.

Aber beim Einbruche der Nacht mahnen die feierlich

dumpfen Klänge der großen Glocke der St. Peterskirche
alle andachtsvollen Christen, daß nun in Kurzem der
große Auferstehungsmorgen am Himmel aufsteigen wird;
um 6 Uhr Morgens verkündet sie, daß nun das große
Wunder der Auferstehung wirklich geschehen sei und ladet
alle andachtsvollen Christen in den Dom zu St. Peter
ein, der heiligen Messe beizuwohnen, welche heute vom
Papste selbst gelesen wird. Eine zahllose Menge Volkes
strömt nach der St. Peterskirche, schon sind alle Sitze
in diesem gigantischen Tempel besetzt und die Menge
drängt sich wogend und stehend in den ehrwürdigen
Riesengängen.

Schon sind links dem Kreuzgange die päpstlichen
Garden aufgestellt, weil dieser frei bleiben muß, um die
erwarteten Prozessionen durchzulassen; die Bruderschaften
Roms erscheinen nun paarweise mit brennenden Kerzen
in den Händen, hierauf folgt ein großes Musikchor und
dann kommen die Gesandten mit zahlreicher Begleitung
ihrer Dienerschaften in glänzenden Livréen.

Bald darauf nahen sich die Capitel der Chorherren
von St. Peter und die Pfarrherren von St. Johann
im Lateran, die Prälaten, die Cardinäle und die Offi-
ciere des päpstlichen Palastes; endlich erscheint der Papst
selbst in der goldenen Tiara und im Meßgewand, getragen von zwölf Palastbeamten. Unmöglich kann ein
Anblick ehrfurchtgebietender, majestätischer sein, als der
des Oberhauptes der katholischen Christenheit in seinem
Glanze, mitten unter einer unübersehbaren Menge, in
dem schönsten und erhabensten Gotteshause, das der Erdboden trägt. Die Seele empfängt da Eindrücke, vor
welchen alle übrigen, die nur irgend ein Gegenstand der
Erde auf sie hervorbringen kann, in Nichts verschwinden, und die ihre Gegenbilder nur in den großartigen Naturscenen, wie sie z. B. die Alpenwelt bietet,
finden kann.

Der heilige Vater sinkt vor dem Altare auf die
Kniee nieder und verrichtet ein Gebet; sodann beginnt
das Hochamt, welches über eine Stunde dauert, und

mit der zweiten Segenertheilung des heiligen Vaters vom Balcone der St. Peterskirche herab schließen sich die Feierlichkeiten der heiligen Woche.

Die beiden Freunde hatten allen diesen Feierlich= keiten mit mit der größten Aufmerksamkeit und Frömmig= keit beigewohnt, und befanden sich am Schlusse derselben in einem Zustand geistiger und physischer Erschöpfung, aber auch mit Eindrücken erfüllt, die so großartiger Natur waren, daß die Erinnerung nie aus ihrem Gedächt= nisse entschwand und niemals in ihrem Gemüthe erlosch.

Einige Zeit nach diesen hier geschilderten Ereignissen saßen sie wieder beisammen, und Benvenuto erzählte sei= nem Freunde, wie er heute einen Stempel zu einer Gold= münze nach seiner Vaterstadt Florenz gesandt habe, wo die Stelle eines Prägemeisters und Stempelschneiders an der Münze erlediget sei.

Er theilte Theodor seine frohen Hoffnungen mit, vielleicht diese Stelle, welche mit ansehnlichen Einkünften verbunden war, zu erhalten, erwähnte aber auch, daß ihm sehr bang auf die Antwort des Senates von Flo= renz sei. Theodor richtete ihn mit dem Troste auf, daß Gottes Wille ihm gewiß dasjenige zukommen lassen werde, was zu seinem zeitlichen und ewigen Heile hier und dort nützlich sei.

Benvenuto gab ihm recht und bat seinen Freund, mit ihm einen Spaziergang zu machen, indem gerade sehr schönes Wetter war.

Ermüdet vom Spaziergange und dem Herumklettern in den moosbewachsenen Ruinen kehrten sie am Heim= wege in einem Weinhause ein. Hier saß auf einer Seitenbank, umringt von wißbegierigen Zuhörern, ein aus dem Morgenlande, aus Palästina zurückgekehrter Pilger, der dort die heiligen Stätten des Leidens und Sterbens des göttlichen Erlösers besucht hatte und nun seine Erlebnisse und Reiseeindrücke mit solcher Wahrheit und so viel Gefühl erzählte, daß Alle, die ihm zuhörten, vom Gefühle der Andacht und frommen Empfindungen sich durchdrungen fühlten.

Theodor fühlte in sich eine solche Sehnsucht, diese
geschilderten Gegenden selbst zu betreten, daß er fest ent=
schlossen war, wenn anders es seine Verhältnisse gestat=
ten sollten, dahin zu reisen und sein Gebet an den hei=
ligen Orten selbst zu verrichten.

Benvenuto theilte Theodor's Gefühle und war von
frommen Empfindungen so hingerissen, daß er sich ent=
schloß, Theodor zu begleiten, besonders als er sah, daß
dieser alle Anstalten zur Ausführung seines Vorhabens
traf. In letzterer Zeit hatte Theodor für mehrere große
Bilder beträchtliche Summen eingenommen, so daß er
wohl die Reise unternehmen konnte, ohne seinen Eltern
mit Geldforderungen lästig zu fallen, ja ohne einmal
schon früher Erspartes angreifen zu müssen. Er schrieb
an seine Eltern und theilte ihnen sein Vorhaben mit, bat
sie, um ein glückliches Wiedersehen zu beten, und nahm
auf's Neue von ihnen Abschied auf Leben und Tod.
Antwort erwartete er auf seinen Brief nicht, indem er
schon öfter in die Heimath geschrieben, auch Wohnung
und Aufenthaltsort genau angegeben hatte, ohne daß er,
und doch war er jetzt schon drei Jahre von der Heimath
abwesend, jemals Nachricht von dort erhalten hätte.

Theodor ordnete seine Geräthschaften und schickte
alles nach Neapel; Benvenuto beschloß, ihn dorthin zu
begleiten, da man dort doch gewöhnlich eine geraume
Zeit auf die Ankunft oder die Abfahrt eines Schiffes
zu warten hatte.

Herzlich war der Abschied, den Theodor von der
Wittwe nahm; er hatte nicht vergessen, für ihren Unter=
halt zu sorgen, und bei einem Bankier eine Summe hin=
terlegt, welche man ihr in Zeit der Noth auszahlen sollte,
ihren Sohn Andreas aber, der große Anlagen zur Bau=
kunst verrieth, hatte er als Schüler bei einem damals
berühmten Architekten untergebracht.

Bald hatten die beiden Freunde in Neapel ein Stüb=
chen gemiethet, wo sie in traulicher Eintracht mit einan=
der wohnten und ihre Studien fortsetzten.

Benvenuto hatte in seiner vorigen Wohnung in

Rom von seinem neuem Aufenthalsorte genaue Nachrich=
richt zurückgelassen, um die etwa aus Florenz einlaufen=
den Nachrichten ungesäumt zu empfangen.

Schon waren einige Wochen vergangen, als sie eines
Tages; während Theodor emsig zeichnete und Benvenuto
ihm zusah, den Hufschlag eines galoppirenden Pferdes
vernahmen. Das Pferd hielt vor der Wohnung, man
hörte fragen und unten eine Stimme antworten: „Ja,
eine Treppe höher wohnt ein Goldschmied, welcher Ben=
venuto heißt."

Nun wurden draußen auf der Treppe schwere Tritte
vernehmbar, die Thüre öffnete sich, und es zeigte sich eine
Rittergestalt, welcher nach der Frage: „wer Benvenuto
heiße?" diesem mit den Worten: „Im Auftrage meiner
hochgebietenden Herren, des Senates zu Florenz," ein
mit mehreren Siegeln verschlossenes Schreiben überreichte
und sich hierauf nach kurzer Begrüßung wieder entfernte.

Lange hielt Benvenuto das Schreiben ungeöffnet in
der Hand, er wagte nicht es zu öffnen. Theodor nahm
es ihm endlich aus der Hand, öffnete es und fand darin
das Aufnahmsdiplom als Bürger zu Florenz und zu=
gleich das Dekret der Anstellung als Prägemeister der
dortigen Münze, beides mit dem schriftlichen Wunsche
begleitet, so bald als immer möglich in Florenz einzu=
treffen.

Glückwünschend trat Theodor zu Benvenuto und
sagte: „Warum freuest Du Dich denn nicht, warum
sitzest Du so traurig da, als wenn Du Dein Todes=
urtheil vernommen hättest?" Benvenuto antwortete:
„Ach Freund, weiß ich es selbst? was vor wenig Tagen
noch mein sehnlichster Wunsch war, ist jetzt, da er so
unvermuthet in Erfüllung gegangen, mir fast zur Last;
es beengt mir das Herz, wenn ich an Florenz denke,
als ob ich da wenige Rosen, aber viele Dornen auf
meinem Lebenswege finden sollte."

Theodor suchte seinen Freund aufzumuntern, was
ihm auch endlich gelang, und Benvenuto packte seine
Sachen zusammen, da er schon morgen nach Florenz zu

reiſen gedachte, er verſprach jedoch Theodor, wenn ihm dieſer den Tag ſeiner Abreiſe und den Abgang des Schiffes melden würde, noch einmal nach Neapel zu kommen, um noch einige Stunden mit ihm zuzubringen.

So war denn Theodor bald wieder allein, und da er ebenfalls recht bald abzureiſen wünſchte, ſo beſuchte er täglich den Hafen, um ein Schiff zu finden, das nach Aſien ſegle. Eines Abends kehrte er von da zurück, als er ſeitwärts Hilferufen und Schwerterklirren vernahm. Er zog augenblicklich das Schwert und ſtürzte, uneingedenk der Erinnerung, welche ihm der Richter in Rom gegeben, der Gegend zu, aus welcher ihm der Hilferuf zu kommen ſchien. —

Ein junger Mann von hoher Statur war, um den Rücken frei zu haben, an die Wand gelehnt und ver= theidigte ſich mit kräftiger Fauſt gegen vier Banditen, welche ihn mit ihren Schwertern und Dolchen angriffen, und die er mit hochgeſchwungenem Degen immer wieder zurücktrieb. „Gelüſtet euch nach meinen Dukaten," rief er aus und führte ſo eben einen ſo kräftigen Hieb gegen den Kopf eines der Banditen, daß dieſer augenblicklich zu Boden ſank. „Hier haſt du einſtweilen deinen Lohn, kommt her, ihr alle, wenn es euch gelüſtet nach meinen Schätzen."

Durch den Tod ihres Kameraden zur Rache gereizt griffen ſie nun auf's Neue an, als Theodor herbeieilte, worauf die Böſewichter eiligſt die Flucht nahmen.

Herzlich dankte der Befreite ſeinem Retter, indem er ihn genau betrachtete. „Wie!" rief er plötzlich aus, „ſeid ihr nicht Theodor? der einſtige Schüler meines Bruders Rogier?" — „Ja, der bin ich," antwortete Theodor, „und ihr ſeid Johann, der Bruder meines theuern Lehrers; — doch wie kommt ihr hieher?"

„Das iſt bald erzählt!" entgegnete jener, „ein ita= lieniſcher Graf, welcher in unſerer Heimath reiſte und ein Bild von mir ſah, äußerte, in Italien würde ich mein Glück machen; da würde es Zechinen und Gold= münzen für mich regnen, und da ich nun ſolchem Regen

eben nicht abgeneigt bin, wohl aber der gravitätischen
Ruhe meiner Mitbürger, so begab ich mich hieher, und
bin jetzt beinahe ein Jahr hier und mit der Aenderung
meines Aufenthalts sehr zufrieden. Von Goldregen weiß
ich zwar nichts zu berichten, doch meine Börse ist stets
gefüllt, ich habe eine schmucke Werkstätte, wackere Schüler und es gefällt mir hier. Heute Abend bezahlte mich
Graf Donatelo für ein Porträt, da ließ ich die Gold-
stücke da drüben in der Weinschenke beim köstlichen Wein,
den die närrischen Italiener „Thränen Christi" *) nennen,
etwas zu sehr funkeln, und dies zog mir diese Gäste
auf den Hals, verschaffte mir aber auch Gelegenheit,
dich, lieber Theodor, zu finden."

Er wischte bei diesen Worten seinen blutigen Degen
an der Kleidung des erschlagenen Banditen ab, stieß ihn
dann in die Scheide, und bat Theodor, mit ihm in seine
Wohnung zu kommen. Theodor folgte ihm, neugierig,
etwas von der Heimath zu hören, und zugleich über das
leichtsinnige Benehmen des Bruders seines ehemaligen
Lehrers erstaunt.

Soviel Johann wußte, befand sich in der Heimath
alles wohl; er fragte nun auch nach Theodor's Umstän-
den, und als er vernahm, daß derselbe so eben eine
Reise in's gelobte Land anzutreten gedenke, schlug er ein
helles Gelächter auf und sagte: „Theodor! du bist noch
immer der Alte; mich wundert nur, daß du den Muth
hattest, dein Schwert zu ziehen und zu meinem Beistande
herbei zu eilen."

---

*) Dieser Wein ist von ausnehmender Güte, jedoch sehr theuer.
— Eine alte schwäbische Volkssage erzählt: Einmal ist der Jakele
nach Rom wallfahrten gangen, da hatts ihn gehungert, da hat er
einen Kapaunen für einen Spatzen gegessen, und hat gsagt, mi
wundert, daß mi auf bös Vögeli so dürst, bringt mir was z'trinken. Da hat ihm der Wirth so 'nen Wein gebracht, der schmeckte
dem Jakele, und er sagte: „Potz Blitz, bös ist a gutes Bier, wie
heißt mans?" „Thränen Christi," sagte der Wirth. — Da fing
der Jakele zu greinen an und sagte: „o süßer Jesu, warum hast
net a in Schwoben grinnet."

Theodor schwieg verletzt, und sie stiegen die Stufen eines schönen Hauses hinauf, wo Johann ein paar Zimmer bewohnte. — Die Tische waren mit Flaschen bedeckt und die Wände mit den alten Lieblingsgegenständen seiner Gemälde, mit Besoffenen, Raufenden ꝛc.

„Nun sagte Johann nach einer Pause, „mußt du, bis ein Schiff ankommt, mein Gast sein unt mir etwas Heiliges nach deinem Sinne malen, damit," setzte er spöttisch hinzu, „wenn ich etwa in Neapel sterbe, man das Bild zu meinen Häupten aufstellen kann, wie es in diesem Lande gebräuchlich ist, doch auch damit ich ein Andenken an dich habe, indem du wohl einmal in irgend einem Kloster stecken bleiben wirst; ich will dich fürstlich dafür bezahlen."

Theodor entsprach seinem Wunsche und fing den andern Tag ein Marienbild zu malen an, in welchem Farbenzauber auf's Schönste mit der hohen Erfindungskraft der Italiener vereinigt war.

Johann war sehr erfreut über das Gemälde, und obschon solche Gegenstände ihn wenig anzogen, so fühlte er doch diesesmal, daß es noch etwas Besseres gebe für einen Künstler, als die Beschäftigungen, in denen er sich selbst bewegte, ja, er spottete, da er jetzt Theodor kennen und achten gelernt hatte, sogar nicht mehr über seinen Entschluß, nach dem gelobten Lande zu ziehen.

Endlich hatte sich ein Schiff eingefunden, und auf Theodors Nachricht kam Benvenuto, um Abschied von ihm zu nehmen. Dieser hatte in Florenz Alles nach Wunsch getroffen und war nur noch traurig, seinen Freund verlieren zu müssen. Auch Johann nahm Abschied von Theodor und bat ihn freundlichst, von ihm auch einen Beitrag zum Reisegeld anzunehmen, so daß dieser ihn nicht kränken konnte und es annehmen mußte.

Benvenuto begleitete Theodor zum Strande und glaubte immer, ihn nicht mehr im Leben zu sehen. Sie sahen sich nun zwar wieder, aber unter andern Verhältnissen, denn, seltsam sind oft Gottes Fügungen für uns kurzsichtige Menschen! —

Theodor bestieg das Boot und, auf dem Schiffe
angekommen, sah er noch lange den Goldschmied am
Strande stehen und mit seinem Tuche ein herzliches
„Fahre wohl“ wincken; auch Theodor wiederholte das
Zeichen mit dem seinigen zum Scheidegruß.

<hr />

Fünftes Kapitel.

Das Morgenland.

Ein frischer Wind schwellte die Segel des aus dem
Hafen von Neapel auslaufenden Schiffes, auf welchem
sich unser Theodor befand, und unter dem Gesange der
Matrosen entschwanden ihm die italienischen Küsten bald
aus den Augen, und sie glitten über das tiefblaue Meer
unter dem tiefblauen Himmel pfeilschnell dahin.

Stolz schwamm das Schiff Asien zu, seine Wimpel
und Flaggen deuteten wie mit eben so vielen Fingern
nach dem Morgenlande, und mit verschränkten Armen
stand Theodor an den Mast gelehnt und noch einmal
nach dem jetzt schon weit entfernten italienischen Lande
zurückschauend.

Doch bald raffte sich sein an Thätigkeit gewöhntes
Gemüth aus dieser Scheinruhe auf, und im Zeichnen
oder unter Gesprächen mit dem verständigen Schiffskapi=
tän schwanden die Tage auf dem Schiff rasch; auf Malta
wurde ein kurzer Halt gemacht, und schnell ging es dann
wieder an den griechischen Inseln vorbei dem Ziele der
Reise zu.

Monate der Reise waren unserm Freunde gleich
Tagen verschwunden, als an einem schönen Frühlings=
morgen Konstantinopel vor ihnen lag; die Gärten wa=
ren mit Blüthen bedeckt und die dunkeln Haine standen
im frischen üppigsten Laubschmucke.

Doch nur einen kurzen Tag lang war es unserm
Freunde vergönnt, sich hier aufzuhalten; denn der ange=

kommene Lootse erwähnte, daß am andern Tage eine Caravane nach Haleb (Aleppo) aufbrechen werde, welcher
Theodor sich anschließen wollte, um noch vor dem Osterfeste in Jerusalem zu sein.

Ein Boot führte Theodor nach kurzem aber herzlichem Abschiede von dem biebern Kapitän nach Skutari,
dem Versammlungsorte der Caravane.

Vor Theodor's unterichteten Geist traten beim Anblicke des europäischen Ufers, das hier nur die Meer-
enge, der Hellespont geheißen, von dem größern Welt-
theile Asien trennt, die großartigsten historischen Erinnerungen: von hier zog einst der Perserkönig Xerxes hinüber um Griechenland zu erobern; später thaten dies in
gleicher Absicht die türkischen Völkerstämme, und zwischen
diesen Ereignissen lagen die Züge der europäischen Christen nach Asien zur Wiedereroberung von Jerusalem und
des gelobten Landes, die sogenannten Kreuzzüge.

Welch seltsames Schauspiel mußte es gewesen sein,
dachte Theodor, indem er sich diesem Gedanken überließ,
als hier auf dieser Küste, im Mai 1097, das bunte
Heer und Heergefolge der Kreuzfahrer gemustert wurde,
die ritterliche Reiterei, den Kern der Streitkräfte, das
zahlreiche Fußvolk und der doppelt so starke Schwarm
der Unbewaffneten, der aus Geistlichen, Mönchen, Knech-
ten und andern Kreuzfahrern aus allen Ständen bestand,
ein Gemisch von so vielen Sprachen, daß in ihrem Lager allein neunzehn derselben gesprochen wurden.

Die Caravane hatte sich indessen versammelt, und
die Reisenden machten sich am nächsten Tage auf den
Marsch. Die Neuheit seiner Umgebung, die malerischen
Gruppen der Reisegefährten, die sich in einem langen
Zuge bewegten, die meisten auf Maulthieren, einige auf
Kameelen, andere auf Pferden reitend und einige zu Fuß,
die morgenländischen Gebräuche seiner Begleiter zogen
Theodor's Aufmerksamkeit in den ersten Tagen weit mehr
an, als die Gegenden, durch welche sie zogen. —

Endlich kamen sie in eine große fruchtbare Ebene,

wo der heut zu Tage Isnik genannte Flecken am Ufer eines von Hügeln eingeschlossenen Sees liegt.

Dieser Ort ist das alte Nicäa, berühmt als der Sitz einer Kirchenversammlung (325), die ein allgemeines christliches Glaubensbekenntniß festsetzte und die gleichzeitige Feier des Osterfestes anordnete.

Theodor sah noch die uralten Mauern und Thürme aus der Römerzeit, aber das Innere der Stadt war fast ganz mit Ruinen und Gärten bedeckt; kaum gewahrte er eine Spur von Bewohnern, denn der türkische Flecken Isnik befand sich in einem Winkel der alten Stadt.

Ihre Reise wurde beschwerlicher, als sie die anmuthigen und fruchtbaren Thäler hinter sich hatten und sich von Nicäa immer weiter entfernten. Die öde Gegend war wasserlos und Theodor fühlte lebhaft die Bedrängnisse, welche einst die Kreuzfahrer hier erlitten haben mußten.

Nach vielen Mühseligkeiten, welche die Caravane und mit ihr Theodor erdulden mußte, erreichten sie endlich glücklich Antiochien. Die alten Mauern der Stadt gaben noch Zeugniß von der ehemaligen Größe dieser Hauptstadt Syriens, die ihren Namen von ihrem Erbauer Antiochus hat.

Antiochia war auch eine von den ältesten christlichen Gemeinden, besitzt aber nur wenig Ueberreste mehr aus der Zeit, wo sich der Apostel Paulus als ihr Lehrer verdient gemacht hatte.

Der Weg unserer Pilger führte jetzt südöstlich von Antiochien nach Haleb, das noch zwei Tagreisen von jener Stadt entfernt ist; sie kamen über den Arm eines Gebirges an der Grenze von Syrien durch herrliche Gegenden, deren fruchtbarer Boden in diesem günstigen Klima reichliche Ernte geben müßte, wenn sich Jemand der Mühe des Anbaues unterzöge.

Am zweiten Tage kamen sie wieder in steinige Gegenden, auf welche aber bald reichlich bewässerte, gut angebaute, die Nähe der Stadt Haleb verkündende Felder folgten.

Haleb ist eine große und volkreiche Stadt, einer der Mittelpunkte des asiatischen Handels; die Caravanen, die aus Indien, Persien und andern Theilen des Orients kommen, laden hier ihre Waaren ab, die sodann in die nächsten Häfen des mittelländischen Meeres gebracht werden.

Rings um die zerfallenen, mit Epheu und Schling= pflanzen überdeckten Mauern und ihre seltsam gebauten Thürmchen sind Weinberge, Baumpflanzungen und Gär= ten angebracht, welche der Stadt mit dem hochliegenden Schlosse in der Mitte ein gar stattliches Ansehen geben; es war die reinlichste Stadt des türkischen Reiches, welche Theodor sah.

Im Innern eines durch wohlthätige Stiftungen zu Gunsten der Kaufleute und Reisenden erbauten Gebäu= des, eines sogenannten Khan, legten die Kaufleute der Caravane, mit welcher Theodor reiste, ihre Waaren aus, und bald drängten sich von allen Seiten Kauflustige herbei.

Sie hielten sich mehrere Tage in Haleb auf, hier= auf zogen sie nach Beyrut, um von da aus den Libanon zu besteigen. Das ungünstige Wetter der letzten Tage bestimmte sie jedoch, diesen Plan auf die Rück= reise von Jerusalem zu verschieben, und sie nahmen daher Platz auf einem syrischen Handelsschiffe, das sie an der Küste von Palästina wieder an's Land setzen sollte.

An einem heitern Abende schifften sich die Reisenden ein. Theodor stand am Strande und erwartete das Boot, welches ihn und noch einige der Pilger an Bord des Schiffes bringen sollte; es war ein herrlicher Abend, und lebhaft ergötzte unsern jungen Freund der Anblick des fröhlichen Lebens, das sich hier regte. Gruppen von Arabern in ihrer heimathlichen glänzenden Tracht und vollständigem Waffenschmucke standen oder lagen auf ausgebreiteten Teppichen umher und genossen die Frische der kühlenden Seeluft.

Mehrere europäische Schiffe lagen auf der Rhede vor Anker, und zahlreiche Boote, mit den Waaren von

Damaskus und Bagdad beladen, gingen unablässig von
den Gestaden zu den Schiffen.

Endlich kamen auch sie an das für sie bestimmte,
wo sie noch lange vom Gestade die gellenden Stimmen
der Araber, die sich stritten, und die rauhen Töne der
Kameele, die sie ausstoßen, so oft sie die Kniee beugen
müssen, um ihre Ladung zu empfangen, herübertönen
hörten.

Die Fahrt war kurz und angenehm, und sie liefen
an einem schönen Märzabend in den Hafen von Jaffa
ein. Diese Stadt, das alte Joppe, war einst der Haupt=
hafen des alten Judäa's; Salomon ließ die Cedern vom
Libanon hierher schaffen, und der Prophet Jonas schiffte
sich in dem nun fast ganz versandeten Hafen ein, um in
Ninive Buße zu predigen.

Die Reisenden hatten nun den Boden des gelobten
Landes betreten und wollten das Geburtsland Christi
nach allen Seiten durchwandern. Auf den Rath von
eingebornen Kaufleuten versahen sich Theodor und noch
einige andere Pilger mit vollständigen morgenländischen
Kleidungen, um in denselben zugleich bequemer und sicherer
reisen zu können.

Zuerst wurde der Kopf glatt geschoren, dann legten
sie ein Hemd von weichem Seidenzeuge an, das Hals,
Brust und Arme unbedeckt ließ, weite Hosen von feinem
Tuche wurden um den Leib mit einer herabhängenden
Schleife befestigt, und ein paar andere solcher Hosen von
feiner weißer Leinwand, für wärmere Tage bestimmt, in
dem Gepäcke aufbewahrt. Ueber diese Beinkleider zogen
sie den Sambos, ein Gewand mit langen Aermeln, das
fast bis auf die Füße reicht und mit einem Gürtel be=
festigt ist, in welchen man Pistolen und Dolche zu stecken
pflegt; den Kopf bedeckte ein einfacher Turban, der aus
einer einfachen rothen, mit einer blauen Quaste verzierten
Mütze bestand, um welche ein Shawl gewickelt wurde.

Theodor dachte lächelnd daran, welches Erstaunen
die Seinigen ergreifen würde, wenn er in diesem An=
zuge bei ihnen eintreten würde; auf der ganzen Reise

hatte er jedoch vielfach Gelegenheit, das Nützliche und dem Klima Angemessene dieser Tracht zu erproben und den guten Rath dessen zu segnen, der ihn dazu veranlaßt hatte.

Theodor verließ mit noch einigen Pilgern die Caravane, mit welcher er bisher gereist war, und schloß sich einer andern meistens aus morgenländischen Pilgern bestehenden an, welche in den Vormittagsstunden von Jaffa aufbrachen. Die Entfernung von da nach Jerusalem beträgt nicht über 12 Stunden, man braucht jedoch bei den schlechten Wegen wohl zwei Tagreisen.

Als die Gärten von Jaffa hinter ihnen lagen, kamen sie in die große Ebene Saron, die sich vom Berge Karmel bis nach Gaza erstreckt und mit blühenden Pflanzen bedeckt war. Doch ist die Zeit wohl längst vergangen, wo, wie einst Salomon, der große König Israels, schrieb, hier Rosen, Lilien, Narzissen und Nelken prangten.

In den Nachmittagsstunden lagerten sich die Reisenden bei einer Kirche, die auf der Stelle erbaut ist, wo nach einer alten frommen Sage Joseph und Maria mit dem kleinen Jesusknaben auf der Flucht nach Egypten ausruhten.

Gegen Abend erreichten sie die Stadt Ramla, die anmuthig im Glanze der Abendsonne auf einer sanften Anhöhe von Oelbäumen umgeben vor ihnen lag.

In einem der schönsten Klöster Palästina's, welches die große Kaiserin Helena, Konstantins des Großen Mutter, erbaute, fanden sie gastliche Aufnahme und Beherbergung; am darauffolgenden Tage vor Aufgang der Sonne verließen sie die Stadt und zogen mehrere Stunden auf gebirgigen Pfaden hin, bis sie endlich den Gipfel eines freiliegenden steilen Berges erreichten.

Ein griechischer Pilger, der auf raschem Pferde den Uebrigen vorausgeeilt war, rief plötzlich begeistert: „Die heilige Stadt!" warf sich auf die Kniee und entblößte sein Haupt.

Alle eilten ihm nach, und welch buntes Gemisch

von Menschen, die alle für denselben Gegenstand begei=
stert, die Hände ausstreckend und auf den Knieen lie=
gend ihre Blicke nach der Stadt richteten, deren Thürme
und Zinnen in der untergehenden Sonne erglänzten!
Alle waren in stummen freudigen Gefühlen versunken,
obwohl der Anblick der Stadt, wie sich Theodor gestehen
mußte, keineswegs freundlich und freudig, sondern im
Gegentheil düster und traurig war.

Schnell ging es nun die Höhe hinunter und bald
kamen sie durch das nach Bethlehem führende Thor,
„das Thor der Auserwählten" genannt.

Theodor nahm seine Wohnung nach der Sitte abend=
ländischer Pilger im Kloster der Franziskaner. Freund=
liche Aufnahme wurde ihm hier zu Theil, und er erhielt
zwei aneinander stoßende Zellen, wovon eine ihm als
Schlafzelle, die andere aber als Arbeitszimmer dienen
sollte, da er gesonnen war, sich auch hier einige Zeit
seinen Studien zu widmen.

Vierzehn Tage war es noch bis zum Osterfeste,
und Theodor beschloß, in Gesellschaft anderer Pilger diese
Zeit so viel als möglich zu benützen, um die Stadt
und ihre Umgebungen kennen zu lernen.

Doch sein erster Gang ging nach der heiligen Gra=
beskirche, und er bestieg in Gesellschaft eines Mönches
die Anhöhe, auf welcher die Kirche mit ihren mannig=
faltigen Kapellen liegt.

Aus dem Vorhofe der Kirche kamen sie in ein Ge=
mach, welches eine Türkenwache inne hatte, wo jeder
Pilger ein gewisses Eintrittsgeld erlegen muß; auch
Theodor mußte dem Türkenkaiser geben, was des Kaisers
ist, um an diesem heiligen Orte seine Gefühle demjenigen
darzubringen, von dem wir Menschen Alles haben, um
Gott zu geben, was Gottes ist.

Mit heiliger Ehrfurcht, mit dem Schauer und der
Demuth der innigsten Andacht betrat Theodor, der am
frühen Morgen schon das Sakrament des Altars em=
pfangen hatte, um sich den heiligen Stellen würdig
nähern zu können, die Kirche.

Welcher Sterbliche kann aber auch diesen erhabenen Ort anders als mit der tiefsten Ehrfurcht besuchen? Welcher Christ könnte sich diesen heiligen Stellen nähern, ohne von einer Fülle wundersamer, gottseliger Gefühle durchströmt zu werden?

Der erste Anblick erfüllte Theodor mit Bewunderung und Erstaunen; die Höhe des Gewölbes der Kirche, diese Kirchen in der Kirche, die verschiedenen Gänge und Höhlen, die verschiedenen Völkerschaften, welche hier den Gottesdienst zugleich ausüben, die Wohnungen und Kaufläden in den Zwischenhallen, die Frömmigkeit, mit welcher Christen und Mohamedaner sich vor dem nämlichen Grabe neigen, machen wirklich diesen Tempel zum erhabensten Orte der Welt; er ist auch bei Tag und Nacht besucht, und die Zeit hat hier alle ihre Wirkung verloren.

Die Dunkelheit, die im Innern dieses Heiligthums herrscht, überraschte Theodor im ersten Augenblicke; sie bereitete ihn aber noch mehr zu großen Eindrücken vor und machte seine ohnehin schon weich gestimmte Seele noch empfänglicher zur Aufnahme heiliger und frommer Gefühle.

Der erste Gegenstand, den er erblickte, war der Stein der Salbung, auf welchem der Leichnam des Herrn vor seiner Grabeslegung mit Aloe und Myrrhen einbalsamirt wurde. In frühern Zeiten, als man den Stein noch offen den Pilgern zeigte, wagten dieselben, Splitter von demselben abzuschlagen, um sie als heilige Reliquien mit in die Heimath zu nehmen. Man sah sich daher genöthigt, ihn mit einer rothen Marmorplatte zu überdecken; über derselben brennen fortwährend zehn Lampen.

Rechts am Eingange in die Kirche, etwa zwölf Schritte von dem Steine der Salbung, befindet sich der Hügel Golgatha. Auf zwei Seiten führt eine Treppe von einundzwanzig Stufen zu seiner Höhe empor, wo sich zwei Kapellen befinden, die mit Marmor bekleidet und durch einen Bogengang von einander geschieden sind. Tag und Nacht brennt hier eine große Anzahl Lampen;

6*

hier wurde einst das heilige Kreuz erhöht, an welchem der Sohn Gottes starb, das menschliche Geschlecht vom ewigen Tode zu erlösen. — Die heilige Stätte selbst ist mit einem Altare bedeckt, und man muß sich unter den=selben bücken, um die Oeffnung zu sehen, in welcher einst das Werkzeug unserer Erlösung feststehend er=höht ward.

Theodor's Herz — und welches Christenherz würde es nicht auch? — wurde bei dem Anblicke dieses Er=innerungsortes göttlicher Liebe von zarter Dankbarkeit und tiefer Zerknirschung durchdrungen.

Einer alten Ueberlieferung zufolge stand das heilige Kreuz im Rücken von Jerusalem, und das Angesicht des göttlichen Erlösers war Europa zugewandt, wo auch seine Kirche am Herrlichsten aufblühen sollte.

Die beiden Kreuze der Schächer, welche mit Jesu gekreuzigt wurden, standen etwas tiefer und nicht in gleicher Linie mit dem Kreuze Jesu; sie bildeten eine Art Dreieck, so daß der Weltheiland den Schächern in das Angesicht sehen konnte. In der Nähe ist auch noch jetzt das große Felsstück zu sehen, das sich beim Tode Jesu spaltete. — Dieses Wunder ist auffallend und spricht mit Wahrheit zu Aller Augen.

Der Mönch führte Theodor von da in eine Ka=pelle, die der schmerzhaften Mutter Gottes geweiht ist und wo schon am frühesten Morgen der Prior des Klo=sters, in welchem Theodor wohnte, das heilige Meßopfer entrichtete.

Hier an diesem Orte hielt sich die heilige Mutter auf, während auf dem Berge die Zurüstungen zur Kreu=zigung ihres einzigen Sohnes gemacht wurden; hier durchdrangen die fürchterlichen Hammerschläge ihr von heiliger Liebe flammendes Herz gleich eben so vielen Schwertern.

Sie stiegen nun den Kalvarienberg hinab und ka=men an eine Kapelle, in welcher die Säule der Schmach steht, an welcher Jesus Christus gegeißelt worden ist. Dreißig Stufen führen in eine noch tiefere Kapelle, wo einst die heilige Helena verweilte und betete, während man auf ihren Befehl Nachgrabungen nach dem heiligen Kreuze machte. Es wurde zwölf Stufen tiefer in der nämlichen Kapelle gefunden.

In eben der Reihe, nur zehn Schritte weiter entfernt, steht eine andere Kapelle, wo die Kriegsknechte sich in die Kleider Jesu theilten, und noch weiter ein Altar an der Stelle, wo Jesus einst Maria Magdalena erschien, die in ihrem trostlosen Schmerze ihn für den Gärtner des Gartens hielt. Nicht weit davon ist wieder eine Kapelle, wo, einer uralten Ueberlieferung nach, Christus vor allen Andern seiner trauernden Mutter erschienen sein soll.

Mitten unter der großen Kuppel, unter einem aus gelbem und weißem Marmor erbauten Trauerdenkmale, befindet sich das heiligste Grab des Herrn. Hat man die Thüre überschritten, so befindet man sich in der Kapelle des Engels, in deren Mitte der Stein steht, auf welchem einst der Engel saß, den die drei Frauen sahen, als sie zum Grabe kamen, und der ihre tiefe Traurigkeit durch die Worte aufrichtete, die auch unsern von frommer Andacht durchdrungenen und über den Tod seines Erlösers weinenden Theodor trösteten: „Fürchtet euch nicht! Er ist auferstanden und nicht mehr hier!"

Sie kamen hierauf an eine kleine niedere Thüre, durch welche heller Lichtschein drang; sie führte in ein kleines Gemach, das durch vierzig immerfort brennende Lampen erleuchtet wird, und wo sich zur Rechten eine Marmortafel befindet. Das kleine Gemach ist das heilige Grab, die Marmortafel die Grabesstätte, auf welche der Leichnam Jesu, das Haupt gegen Abend, die Füße gegen Morgen gerichtet, gelegt wurde.

Beide heilige Gegenstände frommen Andenkens sind aus dem Felsen gehauen, und, um sie vor der Beschädigung durch die Pilger zu schützen, mit Marmor überkleidet.

An diesen verschiedenen heiligen Stätten haben die katholischen Christen, die Griechen und Armenier, die

Maroniten, die den Berg Libanon bewohnen, und an=
dere christliche Völker ihre Stellvertreter, die ihre Stimme
ohne Aufhören zu dem himmlischen Vater erheben, dessen
eingeborner Sohn sich einst hier auf diesen durch ihn
geheiligten Stellen für die Sünden der Menschen hingab.

Christen von allen Bekenntnissen, Männer und Frauen,
traten mit Ehrfurcht hinein, stürzten auf die Kniee und
drückten ihre Stirn auf das Grab. Mehrere legten
Rosenkränze auf die Grabestafel, um sie dadurch zu
weihen und als heilige Andenken frommer Erinnerung
mit in die Heimath zu nehmen.

Tief ergriffen, das Gemüth mit heiliger Andacht
erfüllt, schied nach langem herzlichem Gebete für sich, für
seine Lieben in Europa und für die ganze Welt, Theo=
dor vom Grabe seines Erlösers.

Der folgende Morgen war so schön, daß Theodor
sich mit andern Reisegefährten auf den Weg nach Beth=
lehem zu machen beschloß, und um sieben Uhr zog die
kleine Caravane aus dem Thore nach dem zwei Stunden
entfernten Orte.

Sie hatten bald die schauerliche Stadt hinter sich,
wo Alles an die blutige Marter, an den schmählichen
Kreuzestod des Erlösers und an den schweren Blutfluch
erinnerte, der unabwendbar über diese gottesmörderische
Stadt ausgesprochen ist, deren ruchlose, gegen die Wahr=
heit verhärtete Bewohner einst gerufen: „Sein Blut
komme über uns und über unsere Kinder!"

Diese Gedanken erfüllten Theodor's Herz mit Weh=
muth; hier aber bei dem Anblicke Bethlehems und der
Stätte, wo die ewige Weisheit Gottes sich herabließ,
in kindlicher Gestalt geboren zu werden, während die
Engel des Himmels die Herrlichkeit desselben armen
Hirten verkündigten, und ein Wunderstern ferne Könige
zur Krippe des neugeborenen Königs der Könige führte,
erwachte die süßeste Freude in seinem kindlich reinen
Gemüthe und stimmte ihn zu Wehmuthsthränen.

Bethlehem lag vor ihnen an dem Rücken eines fel=
sigten, zum Theil mit Bäumen bewachsenen Berges; sie

hielten einige Minuten und genossen den reizenden An=
blick, den das Dorf darbietet.

Bei den Franziskanern im Kloster fanden unsere
Pilger gastliche Aufnahme, und nach einer mäßigen
Fastenmahlzeit gingen sie in die Kirche, die sehr groß
ist und von achtundvierzig Marmorsäulen getragen wird.
Am Ende der Kirche befindet sich ein den Weisen aus
Morgenland geweihter Altar, an dessen Fuß, der Him=
melsgegend entsprechend, an welcher er einst stille ge=
standen, der leitende Stern abgebildet ist, welcher einst
die Weisen zu der Krippe des göttlichen Kindes führte.

Aus der Kirche führen schmale Stufen an den Ort,
wo einst der Stall war, in welchem Christus geboren
wurde. Diese kleine Grotte ist aus dem Felsen ge=
hauen, und die Wände sind mit seidenen Stoffen be=
kleidet; nur die Decke zeigt den nackten Felsen, der Fuß=
boden aber ist mit Marmor belegt.

Ein kostbarer Altar mit zweiunddreißig immer bren=
nenden Lampen steht auf der Stelle, wo der Heiland
geboren ward, und diese Stelle selbst bezeichnet ein
Stern von weißem Marmor, mit einem silbernen Strah=
lenkranze umgeben, um welchen die Worte stehen:
„Hier wurde von der Jungfrau Maria Jesus Christus
geboren.“

Nicht weit davon sieht man die Krippe, in welcher
einst das göttliche Kind ruhte; rings umher brennen
Wachskerzen auf großen silbernen Leuchtern, gegenüber
an dem Orte, wo die heilige Jungfrau und ihr Kind
die Huldigung der Weisen empfingen, steht ein anderer
Altar.

Aus dieser Grotte führt ein schmaler, in den Felsen
gehauener Gang zu zwei ähnlichen Grotten, von welchen
die größere das Studirzimmer, die andere das Grab des
heiligen Hieronymus genannt wird.

Hier glaubte einst dieser große heilige Einsiedler
und Kirchenvater bei Betrachtung des Weltgerichts jenen
erschütternden Posaunenschall zu hören, welcher dereinst
alle Sterblichen vor den göttlichen Richterstuhl ruft, vor

welchem Armuth und Reichthum einst gleich sein werden. Hier schrieb er auch seine unsterblichen Werke, zu wel= chen die Uebersetzung der Bibel in die lateinische Sprache gehört, welche die katholische Kirche als die allein un= verfälschte erklärte und unter dem Namen der Vulgata bekannt ist.

Die heilige Paula, eine reiche römische Dame, be= gab sich mit ihrer Tochter, der heiligen Eustochium, nach der Eroberung Roms durch Alarich ebenfalls hier= her, und rief bei dem Anblicke der heiligen Krippe voll tiefen Gefühles der Andacht aus: „Sei mir gegrüßt, Bethlehem, du wahres Brodhaus, wo das lebendige Brod geboren ward, das vom Himmel kam! Sei mir gegrüßt, o Ephrata, du fruchtbare Gegend, wo Gott als Mensch geboren ward!"

Ihre Liebe zu dieser heiligen Stätte war auch fortan so groß, daß sich diese fromme Matrone niemals wieder davon entfernte; sie erbaute daselbst ein Mönchskloster und drei Frauenklöster, begab sich mit ihrer Tochter selbst in eines derselben, und Letztere starb als Oberin eines Klosters zu Bethlehem.

Zwei Altäre sind mit Gemälden geschmückt, die den Kennersinn unseres Theodor's lebhaft ansprachen, beson= ders das eine, das diese beiden heiligen Frauen in einem Sarge ruhend vorstellte. In den Zügen Beider herrscht auffallende Aehnlichkeit, nur die Jugend, ein weißer Schleier und eine Rosenkrone darüber unterschei= den die Tochter von der Mutter.

In das Kloster zurückkehrend, bestiegen sie eine Ter= rasse, um die Umgebung von Bethlehem zu überschauen. Eine der herrlichsten Ansichten des Morgenlandes bot sich ihren Blicken dar: man sieht weit in die Berge und Thäler nach dem Jordan hin, und viele Gegen= stände, die in der heiligen Schrift erwähnt werden, z. B. das Feld, wo einst der Engel den Hirten erschienen, lagen vor ihren Blicken.

Sie nahmen auch die Wasserleitungen in Augen= schein, welche einst Salomon, dessen Name mit allen großartigen Gebäuden und Ruinen des Landes Israel in Verbindung zu stehen scheint, anlegte, um Jerusalem mit Wasser zu versorgen.

Nachdem sie die Nacht im Kloster zugebracht hat= ten, machten sie sich am andern Tage früh auf den Weg, um das Dorf zu besuchen, wo Johannes der Täufer geboren wurde; beschwerliche Pfade führten durch die so= genannte Wüste, wo Johannes sich aufhielt.

Mitten im Thale erhebt sich ein steiler Felsen, aus dem eine Quelle sprudelt, die zwei Becken mit seinem klaren Wasser füllt. Sie stiegen zu einer Grotte hinan, die des Täufers Wohnung gewesen sein soll.

Oben hatten sie eine herrliche Aussicht über die fruchtbare Gegend, wo bald liebliche Thäler, bald dunkle Wälder von Palmen und Oelbäumen mit malerischen moosbewachsenen Felsen abwechselten, — ein Ort wohl geeignet zum Aufenthalt eines Propheten, dachte Theodor.

In dem Geburtsorte des Täufers befindet sich ein Kloster und in demselben eine Stelle, wo einst das Haus des Zacharias gestanden haben soll. Ein Altar bezeich= net diesen Punkt, und auf einem angebrachten Sterne liest man: „Hier wurde der Vorläufer unseres Herrn Jesus Christus geboren.“

Sie mußten sich nun beeilen, nach Jerusalem zu= rückzukehren, weil sie eine Prozession mit ansehen woll= ten, welche heute noch in der Kirche des heiligen Gra= bes gehalten werden sollte.

Bei dieser Prozession zogen die armenischen Chri= sten zuerst langsam, prächtig gekleidet, neunmal um das heilige Grab. Das Gewand ihres Patriarchen und seine Tiara funkelten von einer Menge kostbarer Edelsteine; seidene Fahnen wehten, und das Ganze bildete einen herrlichen Anblick, doch die abscheulichen Töne, welche sie Gesang nannten, thaten der Feierlichkeit großen Eintrag.

Theodor konnte sich sogar hier, an dieser heiligen Stätte, nicht enthalten zu denken: O wie Vieles schim= mert auf der Welt und glänzt, während ihm doch der innere Gehalt und der fromme Sinn abgeht.

Den Armeniern folgten die Griechen, deren aus=
drucksvolle Köpfe Theodor's Künstlerauge lebhaft anzo=
gen; sie trugen Blumensträuße in den Händen, um die=
selben weihen zu lassen, und sie sodann als immerwäh=
rendes Andenken in die Heimath mitzunehmen.

Endlich ertönte langsam, majestätisch und feierlich
der schöne Gesang der Franciskaner, und Theodor ver=
gaß darüber, ihre schlichten Kutten und groben Gürtel=
stricke mit den schimmernden Gewändern der Griechen
und Armenier zu vergleichen. Wie sollte er auch solche
Vergleichungen an dem Grabe Dessen anstellen, der da
sprach: „Die Füchse haben ihre Höhlen, aber der Men=
schensohn keine Stelle, wo er sein Haupt hinlegen könnte;"
und an einer andern Stelle: „Heilig sind die Armen
im Geiste, denn ihrer ist das Himmelreich."

Jeder der Franciskaner trüg eine brennende Wachs=
kerze in der Hand, und an jedem durch die Ueberlieferung
geheiligten Orte knieten sie nieder, bis sie endlich in der
Kapelle verschwanden, wo das Grab der Kaiserin He=
lena gezeigt wird, und in die Kapelle hinunterstiegen,
wo das Kreuz gefunden wurde.

Theodor wollte soeben in das Kloster zurückkehren,
als ihn einer der Reisegefährten, die mit ihm in Beth=
lehem waren, bestimmte, in seiner Begleitung einen Gang
durch die Stadt zu machen. Auf diesem Wege kamen
sie an einem kleinen Häuschen vorüber, welches Theodor,
er wußte selbst nicht warum, auffiel. Verwundert und
sinnend blieb er stehen, als plötzlich ein Gedanke ihm in
den Sinn kam. Ja, dachte er, hier muß es gewesen
sein, wenn anders etwas Wahres an der Sage ist, wo
Ahasver Jesus von seiner Thüre stieß. Doch sei dies,
wie immer, du allmächtiger Gott hast mich wunderbar
auf meinem bisherigen Lebenspfade geleitet; durch jenes
Buch hast du mir meinen Beruf zu erkennen gegeben;
ihm habe ich zu verdanken, daß ich mich nun an diesen
heiligen Orten befinde, wo sich die größten und wichtig=
sten Ereignisse zutrugen, welche die Weltgeschichte kennt.

Er erzählte seinem Begleiter das Bemerkenswertheste

aus seinem Leben, und dieser war darüber sehr verwundert und betete mit Theodor Gottes weise Vorsehung an.

Er überredete Theodor, mit ihm die jüdische Synagoge zu besuchen, und dieser folgte gerne, um das jüdische Volk in der Stadt kennen zu lernen, wo es einst herrschte.

Zwischen dem Berge Sion und der Stätte des ehemaligen Tempels wohnt eine kleine Völkerschaft, die von allen übrigen Bewohnern Jerusalems in beständiger Abgeschiedenheit lebt; verachtet von Allen sank sie immer tiefer, ohne den Mund zu einer Klage zu öffnen.

In beständigem Drucke lebend, dulden die Juden Erpressungen und schreckliche Mißhandlungen, ohne je zu klagen; sie leiden Stockstreiche, ohne zu seufzen; verlangt man ihren Kopf, so bieten sie ihn dem Schwerte dar.

Stirbt irgend ein Mitglied dieser mit Fluch beladenen Gemeinde, so wartet der nächste Nachbar die Nacht ab, und begräbt ihn heimlich im Thale Josaphat, einst von den Riesenschatten des Salomon'schen Tempels bedeckt.

Wer in die Wohnungen dieses unglücklichen Volkes eindringt, der sieht da, wie sie seufzend unter der Last ihres Elendes ihren Kindern die geheimnißvollen Bücher vorlesen, welche diese einst wieder ihren Kindern mittheilen.

Schon vor mehr als tausend Jahren hat dieses Volk gethan, was es noch zur Stunde thut; sechsmal schon wohnte es seit dem Tode des Messias der Zerstörung seiner Mutterstadt bei, und dennoch ist nichts vermögend, ihre Blicke von Sion abzulenken.

Wer die Juden auf dem ganzen Erdkreise zerstreut sieht, kann sich der Verwunderung nicht erwehren, wer sie hier zu Jerusalem findet, der wird von Erstaunen und Schauer ergriffen.

Noch immer erwarten sie ihren Messias; in der Nähe des herrlichen Tempels, von dem längst kein Stein mehr auf dem andern steht, dauert ihre trostlose Verblendung schon so viele Jahrhunderte fort.

Die alten Römer und Griechen verschwanden von der Erde; aber ein armseliges Volk, dessen Ursprung jenen großen und berühmten Völkerschaften lange voranging, besteht ohne Vermischung in den Trümmern seines Vaterlandes fort! Gibt es irgend ein Nationenwunder, so ist es dieses.

So dachte Theodor, als er und sein Gefährte in einen düstern Hof hinab stiegen, worin sich die Synagoge befand, die mit einem zum Theil zerstörten Dache bedeckt war. Welcher Abstand gegen die glänzende Grabeskirche, die sie so eben verlassen hatten!

Es wurde eben Gottesdienst gehalten, und über die Gruppen der Anwesenden war eine Traurigkeit, eine Unruhe verbreitet, welche das innigste Mitleiden in Theodor erweckte. Beide schieden nach einiger Zeit wieder von dem traurigen Schauspiele, aber Theodor genoß des anziehenden melancholischen Anblickes noch oft, der neben großen Erinnerungen traurige Gefühle erweckte, einen alten Juden nämlich mit ehrwürdigem weißem Barte auf seinen Stab gestützt in der reichen, jetzt so stillen Ebene von Jericho, an den Ufern des Kischon wandeln zu sehen, dort, wo einst der Arm der Gewaltigen in den Schlachten des Gottes Israels erlag.

Bis zum Palmsonntage hatte sich die Zahl der morgenländischen Pilger in der Stadt sehr vermehrt, und Theodor hatte indeß einige Klostergeistliche kennen gelernt, welche ihn bewogen, in der Charwoche entweder nach dem Libanon zu reisen, oder sonst Ausflüge in die Gegend Jerusalems zu machen.

Theodor folgte dem letztern Rathe und am Abend des Palmsonntags ging es zum Stephansthore hinaus. Die Sonne stand schon tief, als sie an den Oelgarten kamen; sie gingen über die Brücke des Baches und kamen in den Garten Gethsemane, welcher von einem niedrigen Zaune umgeben ist und außer einigen uralten Oelbäumen dem Auge kein anderes Grün darbietet.

Auf der Höhe des Oelberges angekommen, schaute Theodor auf Jerusalem hernieder; nicht wie damals, als er zum ersten Male von einer andern Stelle die Stadt erblickte, sah er einen Haufen Ruinen und Trümmer, nein, jetzt glänzte sie im Strahle der untergehenben Sonne mit ihren gezackten Mauern, blauen Moscheen und beren weißen Minarets, und hunderte von Kuppeln, auf welche das Licht der Sonne fiel, bie alten Thürme, die Wächter der Mauern, und endlich unter diesem Ocean von Häusern und diesem Gewölke kleiner Kuppeln ein den Jahrhunderten trotzender Dom, nämlich die Kirche des heiligen Grabes, boten sich seinem Blicke bar.

Ueber bem Ganzen lag jeboch ein Schleier der Weh= muth, bie nur in ben Klageliebern des Propheten Jere= mias empfunben unb ausgesprochen ist. „Wie sitzest bu so einsam, o Stabt," heißt es barin, „einst so voll bes Volkes! Gleich ist sie geworden einer Wittwe bie Kö= nigin ber Völker! Zinsbar ist sie geworden die Fürstin über bie Lanbe!"

Doch bie sich neigenbe Sonne erinnerte an bie Rück= kehr, um vor bem Torschlusse noch in bie Stabt zurück= zukommen. Am anbern Morgen zogen sie burch bas Thal Josaphat an bem Denkmale Absalon's und bem Grabmale bes Königs Josaphat vorüber, wo so eben bie Juden eine Begräbnißfeier hielten. Still und stumm saßen sie auf ben Gräbern, und Traurigkeit und Wehmuth sprach aus ihren Zügen und zur Erbe niebergesenkten Blicken. Ein ergreifenbes Schauspiel, bas Volk in bem Thale zu sehen, wo einst seine Könige Opfer brachten, sein begei= sterten Propheten sprachen, unb wo nach seinem Glauben bie Posaunen ber Engel es einst zum Gerichte erwecken werben. Ihre Wanberung fortsetzenb kamen sie an bas Dorf Silve unb kehrten zur Mittagszeit in bas Francis= kanerkloster zurück.

Als sie in bas Kloster zurückgekommen waren, er= fuhren sie, baß eine Anzahl Pilger in ben Nachmittags= stunden einen feierlichen Betgang nach Bethanien zum Grabe bes Lazarus halten wolle, unb Theobor schloß sich, biese Gelegenheit benutzenb, bem Zuge an.

Sie brachen auf, als es bereits bunkelte, unb ba ber Monb nicht schien, so wurden angezünbete Fackeln vertheilt; es schlug 10 Uhr, als sie aus bem Stephans= thore traten. Alle Pilger folgten baarfuß ben singenben

Priestern, deren jeder eine brennende Kerze in der Hand trug, im Garten Gethsemane wurde gehalten, und bei den Erinnerungen, die an dieser Stelle bei dieser feierlichen Stunde erwachten, machten die Gebete und Gesänge, die sich auf die Zeit und den Ort bezogen, einen desto tiefern Eindruck.

Am Abhange des Oelberges hin wandelte der Zug, die Fackeln warfen schwankende und ungewisse Lichter auf die nächste Umgebung, während die lange Prozession sich auf dem schmalen Pfade fortbewegte. Auf dem Gipfel des Oelberges wurde Halt gemacht, unter frommen Gebeten bis Mitternacht verweilt und dann wieder aufgebrochen. Endlich erreichte der Zug das Dorf Bethania, wo alles noch in tiefer Ruhe begraben lag, die aber jetzt durch die Stimmen der Priester und Pilger unterbrochen wurde.

Sie kamen zum Felsengrabe des Lazarus; alle Pilger stiegen die schmalen Stufen hinab, und die Fackeln beleuchteten glänzend die Wände der Höhle, die sonst selbst am Tage in gänzliche Finsterniß gehüllt ist.

Die Priester standen unten, die Pilger beugten sich in Andacht über sie hinab, um einen Blick in das Grab zu werfen, und der feierliche Gesang verkündigte den Sieg, den die Macht des Kreuzes über Grab und Tod errungen, und die Auferstehung zum ewigen Leben.

Ein schwaches Morgenroth leuchtete über den Oelberg hervor, als sie das Grab verließen, und ehe sie noch das Stephansthor erreicht hatten, glänzte schon die Sonne mit ihrer Pracht und Herrlichkeit über den Gebäuden und Thürmen der Stadt.

Am grünen Donnerstage wurde die Gedächtnißfeier der Einsetzung des Allerheiligsten Altarsakramentes in der Klosterkirche abgehalten.

Am andern Tage, als am heiligen Charfreitage, verfügte sich Theodor in die bereits von unzählbaren Menschen erfüllte Grabeskirche, um der Grablegung beizuwohnen.

In sieben Sprachen wurde gepredigt; alle Mönche

Jerusalems, jeder eine brennende Wachskerze in der Hand, voran die Franziskaner, welche die Leidensinstrumente trugen, zogen von einem Monumente der Leidensgeschichte zum andern; hierauf bestiegen die Mönche den Calvarien=berg und nahmen von dem dort aufgerichteten Kreuze das lebensgroße, mit beweglichen Gliedmassen versehene Bild des Heilandes ab, worauf sie es in weiße Linnen wickelten und zu dem Marmorsteine der untern Kapelle trugen, auf welchem der Ueberlieferung gemäß, der Leich=nam Christi gesalbt wurde.

Jetzt drängten sich die Pilger herbei, warfen sich auf die Kniee, drückten die Stirne auf den Boden, küß=ten die Marmorplatte, und aus vielen Augen drangen Thränen der Rührung.

Welch ergreifendes Schauspiel bot sich hier den stau=nenden Augen dar! Die bunten Turbane, die bärtigen Gesichter, die flatternden Gewänder der morgenländischen Pilger, die reiche Tracht der Armenier und Maroniten, das einfache blaue Baumwollengewand der Beduinen, die griechischen Mönche in ihrer schwarzen Tracht und und dem langen auf die Schulter herabhängenden Locken=haare, die griechischen Schiffer aus den Inseln des Ar=chipels in ihren reichgestickten Oberkleidern — alles ver=einigte sich zu einer bunten malerischen Gruppe, wie sie unsere europäischen Trachten wohl schwerlich hervorge=bracht haben würden.

Hierauf wurde wieder geprebigt und nach dem Schlusse der Leichnam in das Grab getragen, wo er bis zum Auferstehungsmorgen zu bleiben hatte.

Der Auferstehungsmorgen erschien und verging mit seinen mannigfaltigen Feierlichkeiten und Ceremonien, und am Ostermontage schloß sich Theodor einer Caravane griechischer Pilger an, um in ihrer Gesellschaft den Jor=dan zu besuchen, in welchem die morgenländischen Pilger sich gewöhnlich zu baden pflegen.

Der Weg führte über den Bach Kidron am Ab=hange des Oelberges auf dem Pfade hin, den auch der

Herr einst hinabstieg, als er seinen feierlichen Einzug in
Jerusalem hielt.

Nach einer Stunde erreichten sie das Dorf Bethania, wo Theodor schon einmal gewesen war.

Auf der Höhe vor dem Dorfe öffnet sich eine prächtige Aussicht in die hell erleuchtete Morgenlandschaft;
man übersieht hier das todte Meer und den Jordan bis
zu seinem Einflusse in die See.

Endlich kamen sie an den Jordan. In einzelnen
Haufen zogen die Pilger an dessen Gestade durch Dickichte
und Weidenbäume bis zu der Stelle, wo einst der Sage
nach die Israeliten durch denselben gezogen waren.

Theodor erinnerte sich, zu Rom in einem Buche,
das er in einer Bibliothek gefunden, gelesen zu haben,
daß Josua, nachdem die Israeliten durch den Jordan
gezogen, den Befehl gab, von jedem der zwölf Stämme
Israel's sollte ein Mann aus dem Grunde des Flusses
einen großen Stein nehmen und an das Ufer tragen.
Aus diesen Steinen baute Josua einen Altar, auf welchem er dem Herrn ein großes Brand- und Dankes-
opfer darbrachte.

Beda, der alte ehrwürdige Geschichtschreiber, dessen
Theodor gedachte, erzählt, daß er selbst diese Steine noch
an dem Ufer des Jordans gesehen habe, und jeder derselben sei so schwer gewesen, daß sie kaum zwei der
stärksten Männer in Bewegung setzen konnten.

Früher hielten sich in den Gesträuchen des Jordans
oft Löwen und Tiger auf, welche von den Gebirgen
herab kamen, und auch sehr große Schlangen hat man
dort schon gefunden. Schon Plinius erzählte, daß zu
seiner Zeit hier eine Schlange getödtet worden sei, die
dreißig Klafter Länge und eine verhältnißmäßige Dicke
gehabt habe, und deren Schuppen so stark waren, daß
man Schilde für die Soldaten daraus verfertigte.

Die Stelle, wo einst Jesus die Taufe aus den
Händen des heiligen Johannes empfing, und wo sich
der Himmel öffnete, der heilige Geist in Gestalt einer
Taube erschien und die Worte ertönten: „Dieser ist

mein geliebter Sohn, an dem ich mein Wohlgefallen
habe!" sollte ein Kloster bezeichnen; da jedoch der Jor=
dan häufige Ueberschwemmungen verursacht, so steht jenes
Kloster dieser Stelle gerade gegenüber auf einer vom
Jordan etwas entfernten Anhöhe. Als die Erbauerin
desselben nennt man die heilige Helena.

In diesem Kloster war es, wo einst die heilige
Büßerin Maria von Egypten das heilige Abendmahl
empfing, bevor sie sich in die Wüste begab, und aus
ihm war auch der fromme Abt Zosimus, der auf Er=
mahnung einer göttlichen Erscheinung sie viele Jahre
nachher aufsuchte, sie mit dem Brode des Lebens speiste
und ihren Leichnam in der Wüste begrub.

Unsere Pilger wadeten in den Jordan, wuschen sich,
nahmen Kieselsteine und Flaschen Wasser zum Andenken
mit sich und zogen sodann weiter zum todten Meere.

Bald dehnte sich dasselbe vor ihren Augen aus.
Eine graue Haut bedeckt die Oberfläche, und das Wasser
hat einen unerträglich bittern Geschmack; rings umher
ist die Natur todt und kein Schiffer befährt die Fluthen
dieses Meeres, aus welchem verpestete Dünste aufsteigen.

Der Wanderer sieht nichts als kahle, von der Sonne
verbrannte Berge und ungeheure aufeinandergethürmte
Felsmassen, deren Anblick Schauder erregt.

Todesstille herrscht in dieser furchtbaren Einöde, kein
Vogel ist zu hören, meilenweit kein Grashalm zu sehen;
Alles gibt Zeugniß von der strafenden Hand Gottes,
der um ihrer himmelschreienden Sünden willen diese
einst so blühende Gegend und die so herrlichen Städte
Gomora, Sodoma, Adoma und Seboim für immer ver=
tilgte und hier ein unvergängliches Denkmal seiner ge=
rechten Rache zum Warnungszeichen für alle künftigen
Generationen aufstellte.

Der Abend war schon angebrochen, als sie von ihren
Wanderungen in das Lager zurückkehrten, und am fol=
genden Tage fand die Rückreise nach Jerusalem statt.

Theodor benützte einen längern Zeitraum, um die
merkwürdigsten Orte dieser Stadt abzuzeichnen, und end=

lich kam der Tag, an welchem er auf immer von Jeru=
salem scheiden sollte, um nie wieder zurückzukehren. Noch
einmal besuchte er daher die heiligen Stätten, blieb die
vorletzte Nacht seines Aufenthalts in der Grabeskirche
eingeschlossen und betete dort aus dem Grunde und der
Tiefe seines Herzens.

Innigst war der Abschied, den er von den gastfreien
Mönchen nahm, die durchaus keine Vergeltung für ihre
Bewirthung annehmen wollten, weswegen Theodor eine
reiche Gabe in den Opferstock ihrer Kirche legte. Er
hätte es für eine Todsünde gehalten, von den armen
und doch so guten und gastfreien Mönchen zu scheiden,
ohne ihnen ihre viele Mühe zu vergüten.

In Gesellschaft einer kleinen Zahl morgenländischer
Pilger verließ Theodor die Stadt, um die Reise über
Nazareth zu machen. Sie verweilten bei einer Baum=
gruppe, wo eine frische Wasserquelle hervorsprudelte,
tränkten ihre Pferde und Maulthiere und füllten ihre
Schläuche. Während dem setzte sich Theodor auf ein
Felsenstück und schaute nach der Stadt zurück, deren
Mauern und Thürme bald seinen Augen auf immer ent=
schwinden sollten.

Gegen Abend kamen sie in das enge Thal, wo das
alte Sichem liegt. Man bezeichnete am Wege unserm
Theodor den Jakobsbrunnen, wo Christus mit der Sa=
mariterin sprach, die gekommen war, Wasser zu holen.

Ihr Weg war den ganzen Tag über steinige, wüste
Berge gegangen, wo nur manchmal ein Dorf zu sehen
war, das wie ein Schwalbennest auf der Spitze eines
Berges hing, und erfreulich war ihnen daher der An=
blick von Sichem. Dieses Städtchen liegt reizend am
Abhange eines Berges, der mit Gärten bedeckt ist, die
sich terrassenförmig erheben. Die Häuser der Stadt
schienen aus Lustwäldern emporzusteigen, welche mit
allen Arten von Blumen geschmückt sind, und klare
Bäche erfrischen diese reizenden Pflanzungen. Man
zeigte den Pilgern hier die Gräber Joseph's, Josua's
und Eleazar's.

Nachdem sie die Nacht in Sichem zugebracht hatten, setzten sie mit Tagesanbruch ihre Reise fort. Ihr Weg ging über Bergrücken, und endlich langten sie in der Ebene Esdrelon an, welche von jeher das Schlachtfeld der blutigsten Kämpfe gewesen war.

Hier siegte Gideon, hier wurde Josias, König von Juda, von dem Egypter-Könige Necho getödtet; hier kämpften Vespasian's Heere gegen die Juden, und hier besiegte Salabin die Kreuzfahrer. *)

Sie durchzogen diese Ebene der Länge nach und erblickten nach Uebersteigung mehrerer Berge Nazareth, das reizend am Abhange eines Halbkreises von Bergen vor ihnen lag.

Im Kloster, welches wohl eines der schönsten in Palästina ist, fand Theodor gastfreundliche Aufnahme. Am andern Tag führte man ihn in die Kirche. Unter dem Chore derselben steigt man mehrere Stufen hinab zu einer Grotte, wo der Engel des Herrn Maria den Gruß brachte. Hierauf besuchten sie auch die Werkstätte Josephs, gegenwärtig eine Kapelle unweit der Kirche.

Im Maronitenkloster zeigte man ihnen die Felsen-abhänge, über welche die Juden Christus hinunterstürzen wollten, da seine Rede in der Synagoge ihnen miß-fallen hatte.

Theodor betrachtete aufmerksam die Gegend von Nazareth und überließ sich gerne dem Gedanken, daß der Heiland und Erlöser des Menschengeschlechts diese Ge-gend liebte, einstens darin herumwandelte, und da von der Welt zurückgezogen lebte, um über seinen großen Beruf nachzudenken.

Tiefe abgeschiedene Thäler, üppiger Pflanzenwuchs und stille, einsame Pfade, wo überhängende Felsen alle Störung verhindern, charakterisiren die Umgegend von Nazareth.

---

*) In neuerer Zeit, im Jahre 1799, wurden auch hier durch 3000 Franzosen unter Bonaparte und Kleber 25,000 Türken geschlagen.

7 *

Die Sonne stand schon hoch am Himmel, als die Reisegesellschaft Nazareth verließ, um das galiläische Meer zu besuchen.

Sie zogen am Fuße eines Berges hin, welcher der Segensberg heißt, weil Christus auf dem Gipfel desselben die Bergpredigt gehalten haben soll, und kamen bald nach Tiberias, das auf einer schmalen Ebene, von Bergen umgeben, dicht am Ufer des galiläischen Meeres liegt.

Sie besuchten die Peterskirche, die an der Stelle erbaut ist, wo einst das Haus stand, welches Petrus bewohnte. Sie ist wahrscheinlich die erste Kirche in Tiberias, denn sie schien Theodor aus dem vierten Jahrhundert zu stammen.

Tiberias war nach der Zerstörung Jerusalems eine Zeit lang der Sitz des großen Rathes oder Sanhedrins der Juden. Noch immer kommen jüdische Andächtige aus allen Ländern hierher, denn es ist eine alte Judensage, daß sich hier in Tiberias einst der Messias aus dem See erheben werde.

In den Abendstunden machten die Reisenden noch einen Spaziergang an den Ufern des See's Tiberias oder Genezareth. In ganz Palästina gibt es keine Gegend, die sich mit dieser an Schönheit vergleichen könnte; auf allen Seiten, ausgenommen wo der Jordan aus- und einfließt, ist der See mit hohen Bergen umgeben, die sich in seinem klaren Wasser abspiegeln, nirgends aber sahen die Reisenden ein Fahrzeug auf dem See.

Der Jordan ergießt sich in den See und eine starke Strömung verräth seinen Durchgang, wenn ein entgegengesetzter Wind weht, welche Winde den See oft stürmisch machen.

Die Reisenden brachten die laue Nacht unter Zelten zu, um mit Tagesanbruch den Tabor zu besteigen, der zwei Stunden von Nazareth entfernt als ein mächtiger Kalksteinfelsen sich 3000 Fuß hoch erhebt.

Nach Mitternacht stiegen sie durch einen Wald von Eichen und Pistazien den untern Abhang des Berges

hinab, aus dessen Rasendecke überall Blumen empor=
sproßten. Der Gipfel des Tabors ist flach und nicht
von großem Umfange, die Aussicht von der Höhe jedoch
bezaubernd.

Gegen Mittag sahen sie die Ebene, das uralte
Schlachtfeld Esdrelon, gegen Morgen die hohen blauen
Gebirge, im Norden den Libanon, im Westen den Berg
Karmel und den Wellenspiegel des mittelländischen
Meeres.

Am Tage der Verklärung Christi wird in der Ka=
pelle, welche sich auf der Stelle befindet, wo sich dieses
Wunder zutrug, Messe gelesen.

Am Fuße des Berges liegt im Schatten hoher
Bäume das Dorf, wo einst die Prophetin Debora ge=
boren worden ist.

Erst nach mehreren Stunden verließen die Pilger
den Gipfel des Berges, um über felsigte Pfade nach
dem Dorfe Kanaa zu ziehen, welches anmuthig auf
einer Anhöhe liegt. Nicht weit von dem Dorfe ist ein
Brunnen, der köstliches Wasser gibt.

Die Pilger machten an diesem Brunnen Halt, weil
man ihnen denselben als jenen bezeichnete, von dessen
Wasser einst Jesu einige Krüge voll in Wein verwandelte.

Die Mittagssonne brannte heftig, darum breiteten
sie ihre Teppiche an der Quelle im Schatten hoher
Bäume aus und freuten sich der erfrischenden Kühle.

Nach kurzer Rast kamen sie in das Dorf, besuchten
die Kirche, welche auf der Stelle stehen soll, wo einst
die Wohnung des Brautpaares war, an dessen Hochzeit
Jesu mit seiner Mutter Theil nahm.

Man zeigte ihnen daselbst große steinerne Krüge,
in welchen sich der Sage nach das Wasser befunden
haben soll, welches Jesus sein erstes Wunder verrichtend
in Wein verwandelte.

Von Kanaa reisten die Pilger gegen Abend nach
Nazareth zurück, wo sie am folgenden Tage ausruhten,
um zu dem letzten Theile ihrer Reise längs der Küste
von Syrien neue Kräfte zu sammeln.

Am folgenden Tage brachen sie, sobald der Morgen graute, auf und zogen über Felsenwege nach der reichen Ebene Zabulon, welche bald im Lichte der Morgensonne sich vor ihren Blicken ausdehnte.

Der Himmel war hell, die Luft warm, lange Reihen rothbrauner Kühe, weißer Kameele, schwarzer Ziegen, zogen mit langsamen Schritten zu einer klaren und lieblichen Quelle, in deren kühlender Nähe im Schatten von Bäumen sich die Pilger gelagert hatten.

Auf leichten Rossen flogen Araber in rothen Gewändern, mit im Sonnenscheine glänzenden Waffen durch die Ebene, arabische Weiber aus benachbarten Dörfern erschienen in einzelnen Gruppen, und ihre langen himmelblauen Gewänder mit dem breiten weißen Gürtel, dessen Enden sie auf der Erde nachschleppten, und ihre blauen Turbane mit Schnüren von angereihten Zechinen geziert, boten einen malerischen Anblick dar.

Dicht neben den Pilgern hatten sich mehrere Beduinen gelagert. Die Männer trugen Kleider von einem schwarz und weiß gestreiften Stoffe von Ziegenhaaren, die Weiber das gewöhnliche blaue Gewand, einige brachten Wasser in Gefäßen, die sie auf ihren Turbanen trugen, andere wuschen fröhlich lachend an der Quelle, und einige reich gekleidete tanzten unter einem blühenden Granatbaume einen einförmigen Rundtanz ohne Kunst zwar, doch nie ohne Anmuth.

Die Pilger brachen wieder auf und kamen nach einigen Stunden zu einer Reihe grüner Thäler zwischen Hügeln, die mit Immergrün bedeckt und mit Eichen bewachsen waren. — Diese Wälder trennen die Ebene Zabulon von dem Meerbusen von Akre; der Berg Karmel erhebt sich zur Linken.

Es war schon Abend, als sie in Akre einzogen, und nachdem sie daselbst übernachtet hatten, bestiegen sie mit anbrechendem Tage den Karmel. Dieser Berg ist 1500 Fuß hoch und der Gipfel, der mehrere Stunden im Umfange hat, mit Fichten und Eichen bewachsen.

Auf der Höhe desselben wachsen die herrlichsten

Blumen: Hyacinthen, Narzissen und Anemonen, und schon der Prophet Jesaias sagt: „Die Wüste wird blühen, denn die Herrlichkeit des Libanon ist ihr gegeben, der Schmuck Karmels und Sarons." — Eine Menge kristallheller Bäche entspringen auf dem Berge; der größte strömt aus dem Eliasbrunnen, und von Fels zu Fels fallend, eilt er zwischen dicht bebuschten Ufern dem Kischon zu, der am Fuße des Berges in's Meer fällt.

Im Kloster auf der Bergeshöhe fanden sie freundliche Aufnahme; sie wurden mit Früchten bewirthet, welche die Mönche auf dem Berge selbst gebaut hatten.

Als sie einige Stunden vom Kloster aus die herrliche Aussicht betrachtet hatten, die sich weithin über das unermeßliche Meer, seine grünenden fruchtbaren Ufer und die blauen Höhen des Libanons erstreckt, stiegen sie vom Kloster wieder den Berg hinab, um die Höhlen zu besuchen, deren es namentlich auf der Westseite des Karmels eine Menge gibt.

An einer Stelle, die Höhle der Ordensleute genannt, findet man gegen 400 Höhlen neben einander; Fenster und Schlafstellen sind in den Felsen gehauen.

Weiter unten im festen Kalksteine ausgehauen findet man eine Höhle, die nach Theodor's flüchtiger Messung gegen 20 Schritte lang und vielleicht deren 15 hoch war; der Sage nach soll der Prophet Elias in diesen Höhlen lange gelebt und sich mit einigen hundert Jüngern hier lange Zeit vor der Verfolgung des damaligen Königs verborgen haben.

Sie stiegen nach Akre zurück, wo sie wieder übernachteten, und am folgenden Tage reisten sie wieder weiter. Die Sonne warf brennende Strahlen über das ehemalige weltbeherrschende Tyrus, jetzt Sur genannt.

Die Trümmer häuften sich hier übereinander, und in der Entfernung schienen sie aus dem Meere emporzusteigen; von der ganzen einst so ungeheuer großen Stadt aber ist bis auf die Trümmer einer Wasserleitung fast Alles verschwunden.

Dies ist der Ueberrest einer Stadt, von welcher der

Prophet Hesekiel sprach: „Mit der Menge deiner Waaren und deiner Kaufmannschaft machst du reich die Könige der Erde; du bist ein Lustgarten Gottes und mit allerlei Edelsteinen geziert."

Nachdem sie ausgeruht hatten, ritten sie zu dem Brunnen Salomon's, wie man den Ueberrest der Wasserleitung nennt. Drei Behälter voll klaren, frischen Wassers führen dieses Tyrus zu. Nach der Ueberlieferung ließ Salomon dieses Werk bauen, um den König Hiram zu belohnen, der ihm Cedern vom Libanon zum Tempelbaue gegeben und ihm mit seiner Seemacht Beistand geleistet hatte.

Am andern Tage ritten die Pilger nach Sidon, der alten weltberühmten Stadt, nun ein unbedeutender Ort, und von da nach Beirut. Die Wälder um diese Stadt standen im üppigsten Sommerschmucke, das Wetter war günstig zu einer Gebirgsreise, und unser Theodor machte sich nach mehrtägiger Rast in Begleitung einiger eingeborner Pilger, welche von Jerusalem in ihre Heimath zurückreisten, auf den Weg. Vom Ufer des Meeres führten zahllose Pfade von Hügel zu Hügel, von einem Garten zum andern bis zum Fuße des Libanon.

Die großen Bäume, welche die Wege überschatteten, waren mit Reben überwachsen, Hecken von Rohr umgaben üppige Maulbeerpflanzungen und Weingärten, zahlreiche Quellen und Bäche erquickten den Wanderer mit köstlichem Wasser.

Allmählig stiegen die Wanderer bergan und die Aussicht erweiterte sich; sie überschauten immer mehr das fruchtbare Uferland, während sie eine Reihe der Vorberge des Libanons nach der andern überstiegen. Die Berge wurden immer höher, die Wege immer schlechter, und zuletzt so schwierig, daß sie oft von ihren Thieren, den sichern Eseln, absteigen mußten, um zu Fuß über steile und glatte Felsenstufen zu kommen.

Der Libanon erhebt sich als ein zackiger Gebirgskamm 10,000 Fuß und ist zum Theil das ganze Jahr

mit Schnee bedeckt, daher sein Name von dem hebräi=
schen **leban** (weiß sein.) — Die arabischen Dichter
sagen, er trage den Winter auf seinem Haupte, den
Frühling auf seinen Schultern, in seinem Schooße den
Herbst, der Sommer aber schlummere zu seinen Füßen
am mittelländischen Meere.

Der hohe und flache Rücken des Berges ragt in
die Wolken empor, Reihen von Dörfern, Landhäusern,
Klöstern und Weingärten zeigen sich auf den steilsten
Orten, die fast unzugänglich scheinen. — Der Ackerbau
hört freilich auf, wo die Felsen fast senkrecht emporstei=
gen, jedoch auch da blühen noch würzige Kräuter;
schwarze Ziegen mit langen braunen Ohren und seit=
wärts gewundenen langen Hörnern, und Schafe mit
großen Fettschwänzen weiden auf den höchsten, dem
Menschen unzugänglichen Bergspitzen.

Maronitische Mönche in schwarzen Kutten und blauen
Kapuzen leiten auf den Aeckern ihrer Klöster unter Oel=
bäumen stille den Pflug; von Zeit zu Zeit erschallt die
Klosterglocke, sie laut zum Gebete rufend; sie halten
sodann ihre Ochsen an, knieen neben dem Pfluge nieder
und lassen ihre Thiere ausruhen, während sie selbst eine
kurze Zeit beten.

Theodor und seine Gefährten durchzogen das Ge=
birge nach allen Richtungen, und überall fanden die
Reisenden die herzlichste Aufnahme in Dörfern und
Klöstern.

Die Maroniten, so heißen die Bewohner des Liba=
nons, leiten ihren Ursprung von dem Einsiedler Maron
ab, der eine schon im sechsten Jahrhundert erwähnte
Mönchsgesellschaft stiftete, und, während ihre Meinungen
von den griechischen Christen verdammt wurden, zu einem
kriegerischen Bergvölklein heranwuchsen, das seine Selbst=
ständigkeit auch später gegen die Mohamedaner zu be=
haupten mußte.

Seit dem zwölften Jahrhunderte haben sie sich der
römisch=katholischen Kirche angeschlossen, von der sie jedoch
einige abweichende Meinungen hegen.

Der Libanon enthält eine außerordentliche Menge Klöster, welche fast alle eine sehr schöne Lage haben; von dem letzten Kloster aus, in welchem unsere Reisenden eingekehrt waren, besuchten sie an einem schönen Morgen den berühmten Cedernwald auf dem Libanon, der bei dem Dorfe Bschierai liegt.

Dieser Wald bildet ein großes Amphitheater und hat ungefähr eine Viertelstunde im Umfange; der größte Baum hat ungefähr 40 Fuß in der Krone im Umkreise, die schönsten und schlanksten Cedern aber haben meistens einen Stamm von 2 bis 3 Fuß im Durchmesser, und die Zweige bilden einen schönen, weithin Schatten werfenden Kegel.

Theodor zählte bei 300 Bäume, andere Reisende haben jedoch die Zahl verschieden angegeben, je nachdem man nur die Hauptstämme oder auch die Schößlinge zählt.

Langsam stiegen die Reisenden den Libanon wieder herab; oft machte Theodor Halt, um die schönsten der so mannigfaltigen Aussichten zu zeichnen, und endlich erreichten sie Beirut, wo ein italienisches, nach Neapel bestimmtes Schiff nur noch seiner Ladung wartete, um abzusegeln.

Sechstes Kapitel.

Rückkehr.

Theodor fand Platz auf diesem Schiffe, und da ein reicher türkischer Kaufmann, der ein ausgebreitetes Handelsgeschäft mit Neapel führte, mit seinen beiden Dienern und vielen Waaren sich dieser Tage auch noch einschiffte, so stand der baldigen Abfahrt nichts mehr entgegen.

Während der Fahrt verwandte Theodor seine Zeit dazu, seine Zeichnungen zu ordnen und durchzusehen.

Diese Arbeit war bald geschehen, und nun saß er oft
Stunden lang auf dem Verdecke, an den Mastbaum ge=
lehnt, überdachte das bisher Erlebte und machte Pläne
für die Zukunft.

Glücklich war die Fahrt, leicht flog das Schiff vor
dem milden Hauche eines günstigen Windes dahin; nichts
als Himmel und Fluth waren zu schauen, und die Abend=
sonne sandte Abschied nehmend ihre Strahlen wie glühende
Pfeile über die Meeresfläche; schmauchend gingen die
Matrosen auf dem Verdeck auf und ab spazieren, als
sich dem in Gedanken verloren dasitzenden Theodor der
türkische Kaufmann näherte, dessen wir schon oben ge=
dacht haben.

Er war von Theodor's Alter, seit früher Jugend
Waise und früh in das Treiben der Welt geschleudert,
sah man ihm beim ersten Blicke seine Menschenkenntniß
und Beobachtungsgabe an.

Obwohl in den strengsten Lehrsätzen des Moha=
medanismus erzogen, war er doch den Christen gewogen,
da er eine Art von klassischer Bildung genossen hatte,
die immer die Herzen sanfter und milder stimmt: er
kannte und verehrte die großen persischen, türkischen und
arabischen Dichter, und konnte manche ihrer Lehrgedichte
fast auswendig.

Theodor hatte gleich anfangs eine besondere Zu=
neigung zu dem jungen Manne gefaßt, welche dieser
ihm entgegenkommend auf das Freundlichste erwiederte.

Stunden lang saßen sie oft beisammen unter einem
gegen die glühenden Sonnenstrahlen schützenden Zelte
und besprachen sich über die Heldenthaten und Dichter=
werke der beiden Völkerstämme, denen sie entsprossen,
über Abendland und Morgenland.

Der junge Muza, so hieß der Kaufmann, brachte
öfters verschiedene Pergamentrollen auf das Verdeck und
übersetzte unserm Freunde den Inhalt derselben, der in
anmuthigen Sprüchen, weisen Lehren oder auch aus
Helden=, Lehr= und Liebesgedichten bestand, in die italie=
nische Sprache, deren er mächtig war.

Wie oft wünschte sich Theodor jetzt das Büchlein, welches er beim Abschiede seiner Schwester geschenkt hatte und das die schönsten Erzählungen des neuen Testamentes enthielt und mit schönen Bildchen geschmückt war, welche Theodor noch bei Meister Rogier gefertigt hatte. Den herrlichen Inhalt dieses kostbaren Buches wollte er nämlich den Mittheilungen Muza's entgegensetzen; aber trug er ja doch den Kern dieses heiligen Buches im Geiste bei sich.

Wohl sann er oft minutenlang nach, so daß man hätte meinen können, er sei verlegen und scheu und könne den glänzenden Blumen und Früchten, die aus Muza's herrlichem Geiste, den Alkoran *) beschattend und ver= herrlichend, emporstiegen, nichts entgegensetzen; aber bald trat ein schlichter, Liebe, Glaube und Hoffnung athmen= der Spruch aus der Bibel auf Theodor's Lippen und beschämte mit seiner Taubeneinfalt die farbenspielende Schlangenklugheit in Mohameb's Lehre und bezwang sie mit leichter Mühe.

Finster und verschlossen stand sodann der junge Kaufmann auf und schien auf einige Zeit fast Theodor

---

*) Das Gesetzbuch oder Inbegriff der vom Engel Gabriel angeblich dem Mohamed mitgetheilten Offenbarungen Gottes. Es enthält jüdische, heidnische und christliche Elemente, vermischt mit dem gröbsten Unsinn, z. B.: Im Himmel sei die Erde von Mehl, der Baum Tuba hange voll Granaten und Trauben; wenn die Seligen nach Fleisch gelüste, stehen alsbald gebratene Vögel vor ihnen. Bei der Bewirthung der Auserwählten wird der Fisch Nun verzehrt, dessen Leber allein für 70,000 hinreicht. Aus den Aesten des Baumes Tuba, die sich vor dem beugen, der nach ihnen langt, brechen nach Wunsch gesattelte und gezäumte Rosse und Kameele hervor. Der Geringste in diesem Himmel erhält 80,000 Diener und noch 72 Weiber zu denen, welche er auf Erden besaß, da Mohamed bekanntlich Vielweiberei gestattete und selbst 21 Wei= ber hatte. — Er selbst behauptet in seinem Alkoran, einen Engel gesehen zu haben, der 7000 Köpfe, jeder Kopf 7000 Gesichter, jedes Gesicht 7000 Mäuler, jedes Maul 7000 Zungen, jede Zunge 7000 Sprachen redete. Mohamed starb im Jahr 632, im 63. Jahre; an seinen Glauben halten sich gegen 110 Millionen Menschen.

zu meiden, doch balb trat er in alter Freundlichkeit wie=
ber auf ihn zu.

An einem milben, freundlichen Abend erzählte ihm
Theobor seine eigene Lebensgeschichte, die so reich an
Gottes allwaltenber Vorsehung war; er erzählte ihm
vom stillen freundlichen Kloster in ber Heimath, unb
wie es sich gefügt habe, baß er ein Maler geworden;
er erzählte ihm von Rom, von Palästina, so baß sich
in bem jungen Araber immer mehr eine Neigung zur
Christuslehre regte. Einst hatte ihm Theobor auf sein
Befragen bie Volkssage vom ewigen Juben erzählt,
unb ber junge Araber meinte, auch in seiner Heimath
gebe es eine Volkssage von einem Manne, ber ewig
jung von Zeit zu Zeit wieder an ben alten Ort kommt,
um zu sehen, ob bie Welt noch immer stehe, unb wie
es auf ihr zugehe.

Er holte nun aus seiner Kajüte eine Pergament=
rolle, bie ein Bruchstück bes arabischen Liebes enthielt,
welches biese Geschichte besingt. Das Lieb heißt in's
Deutsche übersetzt:

Chibher, ber ewig junge, sprach:
Ich fuhr an einer Stadt vorbei,
Ein Mann im Garten Früchte brach;
Ich fragte, seit wann bie Stabt hier sei?
Er sprach unb pflückte bie Früchte fort:
Die Stabt steht ewig an biesem Ort
Unb wirb so stehen ewig fort.

Unb aber nach fünfhundert Jahren
Kam ich bes nämlichen Wegs gefahren.
Da fanb ich keine Spur ber Stabt;
Ein einsamer Schäfer blies bie Schalmei,
Die Heerbe weibete Laub unb Blatt;
Ich fragte, wie lang ist bie Stabt vorbei?
Er sprach unb blies auf bem Rohre fort:
Das eine wächst, bas anb're borrt;
Das ist mein ewiger Weibeort.

Unb wieber nach fünfhundert Jahren
Kam ich bes nämlichen Wegs gefahren.
Da fanb ich ein Meer, bas Wellen schlug,
Ein Schiffer warf bie Netze frei;

Und als er ruhte vom schweren Zug
Fragt' ich, seit wann das Meer hier sei?
Er sprach und lachte über mein Wort:
So lang als schäumen die Wellen dort,
Fischt man und fährt man in diesem Port.

Und aber nach fünfhundert Jahren
Kam ich des nämlichen Wegs gefahren.
Da fand ich einen waldigten Raum,
Und einen Mann in der Siedelei,
Er fällte mit der Art den Baum.
Ich fragte, wie alt der Wald hier sei?
Er sprach: der Wald ist ein ewiger Hort;
Schon ewig wohnt man an diesem Ort,
Und ewig wachsen die Bäume hier fort.

Und aber nach fünfhundert Jahren
Kam ich des nämlichen Wegs gefahren.
Da fand ich eine Stadt, und laut
Erschallte der Markt vom Volksgeschrei;
Ich fragte, seit wann ist die Stadt erbaut?
Wohin ist Wald und Meer und Schalmei?
Sie lachten und sprachen auf mein Wort:
O, so ging es ewig an diesem Ort,
Und wird so gehen ewig fort.

Und aber nach fünfhundert Jahren
Will ich des nämlichen Weges fahren. *)

Muza schwieg; Theodor lobte den trefflichen Sinn
dieses Gedichtes und sprach: „Dein Gedicht enthält die
Wahrheit, wie Alles wechselt im Leben, und wie auf
der Welt nichts Bestand hat.

„Meine Sage vom ewigen Juden hingegen enthält,
wenn sie bloß Sage ist, auch eine Wahrheit: „„Siehe,
das jüdische Volk erkannte in Christus seinen Erlöser
nicht, es verstieß ihn grausam, und was die Sage Christus zum ewigen Juden sprechen läßt, gilt eigentlich

*) Dieses Gedicht hat der deutsche Dichter Fr. Rückert nach
arabischem Vorbilde gedichtet. Rückert's Schriften bleiben dem
deutschen Volke ein stetes Denkmal genialer Sprachbildung, tiefer
Gelehrsamkeit und überraschender Virtuosität. Nicht nur, daß er
selbstständig eine Unzahl der schönsten lyrischen und epischen, ja
sogar dramatischen Werke schrieb, er bereicherte die Literatur mit
den edelsten Perlen morgenländischer Dichter. Wenn ihr später
Gelegenheit findet, so versäumt nicht, seine kraftvolle Heldengeschichte,
Rustem und Suhrab, seine Verwandlungen des Abu Seid ꝛc. zu lesen.

dem ganzen Volke; es kann und soll nicht Ruhe finden, sein Geschlecht wird nicht aussterben bis an dem großen Gerichtstage, und bis dahin wird es ruhe= und rastlos in der Welt herumirren, ohne eigentliche Heimath, ver= spottet und verachtet.""

Muza, der schon öfters das Treiben der Juden mit angesehen hatte, und dem Theodor schon längst das Meiste und Wissenswertheste des alten und neuen Te= stamentes mitgetheilt hatte, gab ihm Recht und bat ihn, ihm für heute noch etwas von Jsa ben Marim (von Jesus dem Sohne Maria's) zu erzählen. Hocherfreut entsprach Theodor gerne seinem Wunsche, da solche Ge= spräche immer seine liebste Unterhaltung ausmachten.

So vergingen die Tage auf dem Schiffe, welches bis jetzt stets die beste und günstigste Fahrt gehabt hatte; doch nirgends in der Welt findet man ungetrübtes Glück. Auch an unsern Reisenden bewährte sich diese alte und wahre Regel; denn als eines Morgens Theodor sich vom Lager erhob, spürte er schon an der seltsamen Be= wegung des Schiffes, das wohl einige Aenderungen in der bisher so sanften Fahrt eingetreten sein müsse.

Und so war es auch. Als er das Verdeck betrat, da staunte er über die vorgegangene Veränderung; an= statt den reinen tiefblauen Himmel sah er den Horizont mit düstern, bleifarbigen, finstern Wolken bedeckt, statt dem milden Lüftchen, welches sonst die Meeresfläche ge= kräußelt hatte, heulte ein stürmischer Orkan, der die Wel= len gleich Bergen hob und das Schiff von einem Wel= lenabgrunde in den andern schleuderte.

Theodor eilte auf den Capitain zu, um denselben zu fragen, ob Gefahr vorhanden sei, doch mit finsterer Miene und gerunzelter Stirne gab dieser nur durch ein leichtes Achselzucken eine sehr zweideutige Antwort.

Mit lauter Stimme ertheilte der Capitän mittelst des Sprachrohres den Matrosen seine Befehle. Theodor mußte sich an einem Taue halten, um durch die heftig schwankenden Bewegungen des Schiffes nicht in das Meer geschleudert zu werden; dieses drohte bei jedem Wellenschlage in Trümmer zu gehen, und Alle auf dem Schiffe, vom sturmgewohnten und seeerfahrenen Capitain bis zum Schiffsjungen herab, fühlten lebhaft, daß sie vielleicht auf dem Scheidepunkte vom Leben ständen.

Jede Minute konnte das Schiff zertrümmert werden, und sogar die ältesten und erfahrensten Matrosen schüt= telten die Köpfe und meinten, diesen Sturm nicht zu über= leben. Auch Theodor dachte, daß er die Seinigen nicht mehr sehen, nicht mehr froh begrüßen werde; er schloß seine Rechnung mit dem Himmel, bat Gott herzlich um Vergebung seiner Sünden und betete aus dem Grunde seiner Seele.

Wunderbar fühlte er sich nach dem Gebete gestärkt; was auch die Zukunft für ihn in ihrem Schooße bergen mochte, noch eine glückliche Zukunft oder jetzt den Tod in der Blüthe der Jahre im feuchten Wellengrabe, ob Sonnenschein folge der Sturmeswuth und er die toben= den Wellen wieder geglättet sehe, oder ob das Wasser immer heftiger rasen und ihn vielleicht schon in wenig Minuten in die finstere Tiefe hinabziehen werde, — auf Alles fühlte er sich gefaßt; er blickte fest und ruhig auf das an den Mastbaum geheftete Crucifix und erwartete festen Muthes den entscheidenden Augenblick.

Muza erschien in diesem Augenblicke an Theodor's Seite und schien gefaßter, als sich dieser ihn eingebildet hatte. „Fürchtest Du den Tod nicht?" fragte Theodor, „weißt Du auch, daß hier Rettung kaum mehr möglich, daß alle Hoffnung beinahe verschwunden ist?"

„Wohl weiß ich das," entgegnete Muza, „doch wa= rum soll ich den Todesengel scheuen? Ist doch jedem Menschen sein Schicksal längst bestimmt, und ob ich hier auf dem schwankenden Schiffe oder dort auf Arabiens glühendem Sande mich befinde, überall kann mich Azrael, der Gewaltige, ereilen und abholen, um Mohema zu schauen in Edens herrlichen Auen."

Ergriffen hörte ihm Theodor zu, und er fühlte in sich lebhafte Reue, nicht größere Mühe angewandt zu haben, dieses herrliche Gemüth zum christlichen Glauben

zu führen; er tröstete sich jedoch, bis jetzt sein Möglich=
stes gethan zu haben, und betete herzlich zu Gott, wenn
er anders ihr Leben erhalten würde, ihm Beistand zu
leisten, Muza zu einem Christusbekenner zu bekehren.

In diesem Augenblicke rief die Stimme des Capi=
tains: „Schnell das Schiff gewendet, sonst sind wir ver=
loren!" und sprang zugleich selbst nach dem Steuerruder;
eine heftige Welle strömte über das Schiff, prallte aber, Dank
sei es der weisen Anordnung des Capitains, an dem schnell
gewendeten Schiffe ab und zerschellte an dessen Seiten.

Doch, was tönet dort tief aus den Wellen für ein
Schreckensruf? Es ist die Stimme des wackern Capitains,
den die Welle weit mit fortgerissen hat; trostlos geber=
den sich die Matrosen, denn jetzt giebt's keine Rettung
mehr, da jener, der allein sie hätte retten können, selbst
ohne Rettung verloren ist.

Doch wer ist der kühne Mann, der sich ohne Be=
denken in's wogende Meer stürzt und gerade noch zur
rechten Zeit den eben Sinkenden erfaßt und mit starkem
Arme über dem Wasser erhält?

Man wirft ihnen ein Tau zu und zieht Beide an
Bord; der Retter ist Theodor, der den bewußtlosen Ca=
pitain im Arme hält; frohlockend empfängt ihn Muza
mit einem „Allah sei gelobt;" und Theodor und Muza
vereinigen nun unterstützt von den noch vor Schrecken
starren Matrosen ihre Anstrengungen, um den noch im=
mer regungslos daliegenden Capitain in's Leben zurück=
zurufen.

Endlich schlug er die Augen auf, und nach einiger
Ruhe fragte er mit leiser Stimme, wer ihn gerettet habe,
und herzlich und ungekünstelt, aber aus gerührtem Her=
zen kommend, waren die Dankesworte des wackern Schiffs=
mannes, die er zu Theodor sprach.

Die Matrosen fielen auf die Kniee, sie dankten
Gott und baten Maria, den Meeresstern, im herzlichen
Gebete, ihnen beizustehen in der Noth und sie die Hei=
math wieder erblicken zu lassen.

Und sieh, hier, wo das menschliche Auge keine Ret=

tung mehr erblickte, wo schon der Tod sein Leichenant=
litz zeigte, da senkte sich wieder Hoffnung in das Herz
der Hoffnungslosen, denn die Winde ließen etwas nach
und die Wellen ras'ten nicht mehr so fürchterlich. Die
Mannschaft des Schiffes hörte nicht auf zu beten, die
Wolken verzogen sich, der Sturm hörte auf, freundlich
schien bald die Sonne wieder auf die Durchnäßten nie=
der, und am Abende, als die Schiffslaternen angezündet
wurden, konnten sie Gott für ihre Errettung danken.

Und wie einst nach der Erzählung der heiligen
Schrift die Schiffsleute den Propheten Jonas in's Meer
werfen wollten, im festen Glauben, seine sündige Gegen=
wart sei am nahen Untergange des Schiffes Ursache, so
zogen jetzt Schiffsleute zu Theodor, ihn fast als Heiligen
verehrend und im Glauben stehend, daß Gott nur um
seinetwillen ihr lasterhaftes Leben gefristet habe.

Doch ernst lehnte er jeden Dank ab. „Dankt Gott,"
sprach er, „ich bin nur ein sündiger Mensch wie Ihr."

In Muza war eine große Verwandlung vorgegan=
gen; nicht mehr wie früher, antwortete er in lustigen
Liedern auf Theodor's fromme Erzählungen, mit größ=
ter Ehrerbietung hörte er jetzt seinen Reden zu; er sagte
sich allmählig von der Lehre des trügerischen Lügenpro=
pheten Muhameb los und horchte mit kindlicher Ehr=
furcht und Aufmerksamkeit der Lehre von Jesus Christus!

Tief erschütterte sein immerhin für alles Große und
Erhabene empfängliches Herz das liebevolle Gebot Jesu:
„Du sollst deinen Nächsten lieben, wie dich selbst; Gott
aber über Alles!"

„Jetzt begreife ich es," sprach er zu Theodor, „wie
Du den Muth haben konntest, so schnell zur Rettung des
Schiffskapitains in das tobende Meer zu springen; jetzt
ist es mir klar, warum Du Dein Leben an das eines
Andern wagtest. — Du sollst Deinen Nächsten lieben
wie dich selbst! Wenn irgend ein Glaube der rechte
und wahre ist," rief er mit tiefer Rührung aus, „so ist
es dieser, und ich will fortan keinen andern mehr be=
kennen; ja ich will Gott über Alles lieben; den Allgü=

tigen, der nicht, wie ich bisher glaubte, das finstere Un-
gefähr walten läßt, sondern Alles nach festem ewigem
Gesetze zur Belohnung des Guten, zur Bestrafung des
Bösen fügt."

Sein Blick glühte in Andacht, als Theodor ihm
wiederholt das Leben Jesu Christi erzählte; er fühlte
tiefes Mitleiden bei der Angst Jesu am Oelberge, mit
dem geduldig leidenden, falsch angeklagten Jesu vor dem
Richterstuhle, und weinte Thränen des Mitleids und der
Rührung am Golgatha, wo Jesus aus Liebe zu uns
armseligen Menschen den Tod des Kreuzes gestorben ist.

So war sein Herz immer bei Gott, und hoher See-
lenfriede erfüllte bald sein edles Gemüth.

„Siehe," sprach Theodor, „wie wunderbar Gottes
Fügungen sind; wie leicht hättest Du auf ein anderes
Schiff kommen können, dann würdest Du die fürchterlichen Schrecken eines Meeressturmes nicht erlebt haben
und vielleicht ohne Gefahr nach Europa gekommen sein;
dann würdest Du aber niemals die Seligkeit der Christuslehre erfahren haben. Ja erfülle Deinen frommen
Vorsatz, werde ein Christ, damit ich Dich als Mitbruder
begrüßen kann; o wie süß ist die Bürde und das Joch
des Christenglaubens, und wie beseligend macht diese heilige, göttliche Religion!"

Muza erkannte diese Wahrheit und weihte sich unter
dem Beistande Theodor's den größten Theil des Tages
hindurch dem Gebete und flehte zum Herrn, ihn zu er-
leuchten, damit er immer nach jenem frommen Sinne
strebe, in welchem jede Prüfung mit standhafter Erge-
bung und jedes harte Geschick mit kindlicher Geduld ertragen wird.

Er schmachtete mit Ungeduld und mit Feneifer nach
der christlichen Taufe, und bald wußte Jedermann im
Schiffe, daß es sein einziger Wunsch sei, durch sie in
die Gemeinschaft der Christen aufgenommen zu werden.

Theodor tröstete ihn und sprach: „Neapel wird
bald erreicht sein: dann wird dein Wunsch bald durch
priesterliche Hand erfüllt werden, und ich werde dich bald

8 *

Bruder in Christo nennen können." Doch Muza entgegnete: „Auf dem Meere ward ich geboren, als einst vor Jahren mein Vater und meine Mutter eine Reise nach Konstantinopel machten; auf dem Meere möchte ich auch zum zweiten Male in Christus wiedergeboren werden."

Siebentes Kapitel.

Ein Kampfbild.

Noch immer waren sie auf dem Meere, als sie einst von weitem den Donner der Kanonen hörten, und da der Kapitain versicherte, daß es weit und breit kein Land gebe, und auch keine christliche Nation mit der andern sich im Kriege befinde, so blieb kein Zweifel mehr, daß irgend ein christliches Schiff mit einem Seeräuber von Algier, Tunis oder Fez im Kampfe begriffen sei. Der Schiffskapitän versammelte seine Leute und fragte sie, ob er weiter segeln, oder ob sie, da hinlänglich Waffen vorhanden wären, den christlichen Brüdern Beistand leisten wollten.

Das Schiffsvolk entschloß sich zum letztern, Säbel und Degen, Aexte und Beile, Schwerter und Dolche, Pistolen und Flinten wurden in der größten Eilfertigkeit auf das Verdeck geschleppt, während Muza in bitterer Rathlosigkeit dastand, da er sich in der Lage befand, hier vielleicht gegen seine eigenen Landsleute fechten zu müssen. Aber seine bessere Ueberzeugung siegte und er dachte: es sind Räuber, sie wollen Christen, jetzt schon in Gedanken meine Glaubensbrüder, entweder tödten oder in die noch fürchterlichere Sklaverei schleppen; ich will daher den Christen beistehen. Leider darf ich nicht, wie einst der barmherzige Samariter that, Wunden heilen, sondern ich muß sie mit todtbringender Faust schlagen.

Immer näher kamen sie der Gegend, von welcher der Kanonendonner tönte, schon sahen sie den Dampf, den Blitz der Geschütze, schon sahen sie im Getümmel die Säbeln funkeln, und immer näher segelten sie dem traurigen Schauplatze. Das kleinere Schiff führte in der Flagge ein Kreuz, während von dem größern Schiffe furchtbar die rothe Flagge der Seeräuber mit dem goldenen Halbmonde darüber wehte.

Theodor hatte sich bereits mit einem zum Stoß und Hieb geeigneten Schwerte bewaffnet und ein paar Pistolen in den Gürtel gesteckt, Muza aber aus der Kajüte seine Nationalwaffe, die sichelförmige Damascenerklinge, und ein paar herrliche mit Silber ausgelegte Pistolen herbeigeholt. Ernst und traurig trat er nun auf Theodor zu.

Dieser küßte ihn brüderlich und sprach: „Vielleicht begrüßen wir uns zum letzten Male in dieser Welt, denke, deine Thaten gehören der Vertheidigung deines Nächsten, die deinen ehemaligen Glaubensgenossen nichts zu Leide gethan haben und ihre Schwerter nur zur Vertheidigung ziehen, um nicht von Weib und Kindern getrennt, und weit entfernt von Heimath und Vaterland ihr Leben in fremdem Lande in harter Knechtschaft und Sklaverei zubringen zu müssen."

Muniton, Pulver und Blei wurde indessen vertheilt; ein Theil des Schiffsvolkes blieb mit dem Capitain auf dem Schiffe zurück, während die Jüngern mit Theodor und Muza in das Boot stiegen, um zu den Schiffen hinzurudern.

Pfeilschnell flog das Boot über die Meeresfläche, und bald hielten sie an der Seite des christlichen Schiffes und stiegen an Bord desselben.

Es war höchste Zeit, daß sie kamen: am Rumpfe des abgeschossenen Mastes lehnte der greise Capitain; sein Anblick empörte das Blut Theodor's und seiner Gefährten und machte es zum siebenden Strome, daß es seine Adern zu sprengen drohte; Blut bedeckte sein Gesicht, vor ihm fochten noch seine Matrosen, die sein Schlachtruf, sein Kommandowort, noch immer stark vom

fast verblichenen Munde tönend, mit seinem Heldenmuthe
zu erfüllen schien.

Wie eine Hundeschaar den Edelhirsch umkreist, so
drängte sich um den greisen Helden und sein Häuflein
eine zahllose Schaar der wüthenden Türken, an ihrer
Spitze der hochgewachsene Führer und Capitain, der
riesengroß die Seinigen überragte, einen blauen Stahl=
helm unter seinem grünen Turban, der mit einem köst=
lichen Reiherbusche geschmückt war. Er schwang einen
gewaltigen Fausthammer von Eisen in der Rechten, wo=
mit er die Weichenden vorwärts trieb, und mit gellen=
der, das Kampfesgetöse übertönender Stimme schrie er
beständig dazu: „Fünf Zechinen für jeden Sklaven, den
ihr mir einliefert, aber lebend und unversehrt müßt ihr
ihn bringen!"

Nur noch schwach vertheidigten sich die Christen
gegen den Andrang ihrer jubelnden Gegner; Theodor's
und seiner Gefährten Erscheinen machte der Noth ein
Ende, und wie ein Hagelschauer stürzten sie sich in die
Türken. — Den Allah=Ruf derselben übertönte ein lautes
„Gott mit uns!" der Christen. Die scharfen Sichel=
schwerter der Türken brachen unter den europäischen
Waffen und die Christen stürzten muthig vorwärts.

Doch die Türken schienen ihre fast gewonnene Beute
nicht so leicht aufgeben zu wollen; ihr grimmiger Führer
trieb sie immer von Neuem vorwärts. „Allah! Allah!"
schallte es von Neuem von allen Seiten ringsumher,
Schüsse donnerten, Säbel klirrten vornen, hinten und auf
beiden Seiten, und mit der Wuth wilder Thiere, die des
Wärters Hand durch die aufgezogene Thüre in den
Circus läßt, stürzten die türkischen Rotten: Araber,
Afrikaner, Bosnier und Arnauten, der Auswurf ihrer
Nationen, in dichten Haufen auf die kleine Macht der
Christenkrieger heran.

Doch die Eisenballen einer kleinen Kanone, die ein
paar kluge Matrosen auf das Verdeck gebracht hatten,
schlugen Manchen von ihnen nieder; aus der Ferne

schlugen die Kugeln in manche Brust, die auf immer zu schlagen aufhörte.

Die Türken, von Opium berauscht, brannten vor Sieges- und Beutelust, und immer grimmiger tobten sie heran, während ihr Führer in arabischer Sangesweise ermunternd ihnen zurief:

> „Streitet bis sie die Gewehre strecken,
> Spritzt auch Blut auf eure Jacken,
> Roth auf roth macht keinen Flecken."

Theodor stritt wie ein Todesengel; wo er focht, da lichteten sich die Türkenreihen, während Muza die feindlichen Hiebe mit eigener Gefahr von ihm abwehrte; fürchterlich war der Pulverdampf und das Säbelgeklirr, und es schien, als ob die Christen unterliegen müßten unter der Uebermacht.

Da sammelte Theodor das Häuflein seines mit ihm gekommenen Schiffsvolkes um sich und drang in die Kampfreihe der Türken, rechts und links mit Hieb und Stich sich Bahn brechend, während der kleine Haufen hinter ihm dafür sorgte, daß sich die Kampfesschaaren der Türken nicht mehr sammeln konnten, und heulend stoben diese auseinander.

Bald drang Theodor in die Mitte der Türken, wo sich der riesige Seeräuberkapitän mit den Besten der Seinigen befand, wüthend griff er Theodor an, und Funken stoben von ihren Waffen. Wohl hatte Theodor Gelegenheit, heute die Fechtkunst zu erproben, wie nie in seinem Leben, denn kein stärkerer Gegner stand ihm jemals gegenüber; mit fürchterlicher Wuth drang der Türke auf ihn ein und rief mit dumpfer Stimme: „Mohammed steh' mir bei, steh' mir bei!"

„Gott mit mir!" rief Theodor seinerseits, und als sich der Türke eine Blöße gab, traf ihn ein mächtiger Schwertschlag so gewaltigen Schwunges über das Haupt, daß er mit zerschmettertem Helme und Schädel auf den blutbespritzten Boden taumelte.

Als die Türken ihren Führer fallen sahen, kam

Schrecken über sie; war doch seit Jahren in den Raub=
zügen der Afrikaner ohne denselben keine namhafte That
geschehen.

Heulend und schreiend stoben sie aus einander und
ergriffen die Flucht; die Christen wollten sie verfolgen,
doch Theodor stellte ihnen ihre Mattigkeit und geringe
Zahl vor, und sie ließen die Feinde fliehen.

Traurig sah er auf sein Schwert gestützt auf die
blutigen Türkenleichen, die auf dem Verdecke herum lagen;
doch auch mancher Christ befand sich unter ihnen. „O ihr
Armen!" rief er aus, wie schlimm wurde es euch ver=
golten. Warum ließet ihr nicht ab von der bösen That.
Möge nun Gott mit euren armen Seelen Erbarmen haben!"

Doch es war nicht Zeit, solchen Betrachtungen nach=
zuhängen, denn der alte Christenkapitän, obwohl schwer
verwundet, trat auf Theodor zu, drückte ihm die Hand
vor dem Haufen todter, blutiger Männer und sprach mit
matter Stimme zu ihm: „Ich danke dir, mein Sohn,
für deine edle und tapfere That."

Theodor sah mit einem Gefühle der Trauer auf die
gefallenen Menschenleben, mit dem Gefühle der Freude
aber über die geretteten Mitbrüder zu den Gipfeln der
Masten empor und hätte die Waffenthat dieser Stunde
nicht um Königreiche vertauscht.

Das Verdeck wurde gesäubert, die todten Türken
in das Meer geworfen, die todten Christen auf die Seite
gelegt, und über den mit Blut bedeckten Schauplatz ein
Segel ausgebreitet. Das Schiff Theodor's segelte in=
dessen heran, und lebhaft war die Freude des Kapitäns
über den wirksamen Beistand, den die Seinigen zur
rechten Zeit geleistet hatten.

Die Verwundeten wurden nun verbunden, den Le=
benden aber ließ der Kapitän Speisen und stärkenden
Wein verabreichen.

Doch sieh! dort liegt ein schwer verwundeter Ma=
trose; „Gott sei mir Sünder gnädig," stöhnte er dumpf.
Der Schiffspriester reichte ihm die heiligen Sterbe=
sakramente, und der alte Seemann blickte freudenvoll zum

Himmel empor und lag bald, eine Leiche mehr, auf dem
Verdecke so still, so friedlich, wie einst vor vielen Jahren
daheim in einsamer Fischerhütte des Vaters in der Wiege.

Muza gab Theodor bedeutungsvolle Zeichen und
schaute sehnsuchtsvoll nach dem Priester hin. Theodor
verstand ihn, nahm ihn bei der Hand und führte ihn
zu Alonzo, so hieß der Schiffspriester, der in Theodor,
den erst so gewaltig kämpfenden Kampfeshelden erken-
nend, ihnen freundlichst entgegen trat.

„Hier führe ich euch einen Neubekehrten zu,“ sprach
Theodor, „welcher in Demuth bittet, von eurer Hand,
Hochwürdiger, das heilige Sakrament der Taufe zu
empfangen.“

Der Priester wandte seine Augen gegen den Himmel und sprach: „Wohlan so soll morgen das Fest der
Taufe sein!“ — „Nein,“ sprach Muza, „mich dürstet
nach dem Wasser des Lebens, o laßt mich nicht länger
entbehren, was ja auch unsers Heilands erste Jünger
oft im freien Felde ohne Umständlichkeit und Pracht zu
verleihen pflegten.“

Gerührt entsprach der würdige Mann seinem Wunsche:
vor einem aufgerichteten Kruzifixe mit einigen brennenden
Lichtern umgeben weihte der Priester das Wasser und
sprach: „Es geschehe mein Sohn, um was du gebeten
hast.“ — Er rief nun Theodor und alle Kampfgenossen
zu Taufzeugen, taufte Muza im Namen der Allerheiligsten Dreifaltigkeit und gab ihm in der heiligen Handlung
den Namen „Georgis“ des einst eben so tapfern als
frommen Ritters gedenkend, und küßte den neugebornen
Jünger Christi und der Wahrheit mit väterlicher Liebe.

An der Seite seines Kapitäns stand Theodor. Welche
Freude der Gute fühlen mochte, vermag wohl keine Feder zu beschreiben, allein jedes zartfühlende Herz wird
wohl dieselben Regungen in gerührter Seele mitempfin-
den, die Theodor empfand als nun, Dank sei es seinem
Bemühen! die Religion Christi wieder einen Anhänger
mehr zählte.

Keiner der ergrauten, sonst so fühllosen Seemänner

war durch diese Scene ungerührt geblieben, und Gottes
Engel schien herabgestiegen zu sein auf die Stätte, wo
vor Kurzem noch blutiges Schlachtgewühl und Kampfes=
getöse herrschte.

Eine fröhliche Feier wurde bereitet zur Verherr=
lichung des Festes der Rettung; auf dem Verdecke des
Schiffes fand ein heiteres Mahl statt, und als Theodor
dem ehemaligen Muza, nun Georgis, einen Becher edlen
Weines kredenzte, und dieser zum ersten Male den Saft
der Trauben kostete, strömte neben der irdischen auch
himmlische Begeisterung durch alle Adern des aus in=
nerm Antriebe zum Christenthume bekehrten Arabers.

Am Abende spät bestatteten sie die Leichen: ein gro=
ßes Segel nahm sie auf, und während der Priester die
Leichengebete verrichtete, wurden jene dem Meere über=
geben. Traurig schauten die Seeleute auf das Grab
ihrer tapfern Gefährten, doch schnell schlossen sich die
Wogen über dieselben zusammen, als wollten sie mitlei=
dig den schmerzlichen Anblick der Leichen bedecken. Schlum=
mert sanft, bis der Posaunenschall in alle Gräber bringt
und auch das Meer seine Todten wieder geben wird!

In dieser Nacht blieben die beiden Schiffe bei ein=
ander; am andern Morgen wurde auf dem Verdecke die
heilige Messe gelesen, und die Seeleute der beiden Schiffe
nahmen von einander Abschied, als der Priester auf
Theodor zutrat und zu ihm sagte: „Du bist zu einem
herrlichen Werkzeuge in der Hand Gottes geworden, edler
Jüngling, nimm unsern herzlichen Dank,“ und zu Geor=
gis sprach er: „Junger Christ, bleibe stets auf dem Pfade
der Tugend, ehre Gott über Alles und laß dir deinen
Glauben nie wieder rauben; sieh hier ein geschnitztes
Bildniß des gekreuzigten Erlösers, in welchem sich ein
Splitter vom wahren Kreuze befindet, nimm es zum An=
denken von mir, und lerne vom Heilande, Leiden und
Mühseligkeiten zu ertragen, und denke dabei, daß das
irdische Leben nur eine Leidens= und Prüfungsschule ist.

„Lebt wohl! zum letzten Male sehe ich euch. In
meinem ganzen Lebenslaufe, der so reich an Leiden war,

wurde mir aber niemals eine größere Freude zu Theil,
als jene, euch Beide kennen gelernt zu haben, und ich
kann jetzt mit dem alten Simeon ausrufen: „Herr, laß
deinen Diener in Frieden scheiden, denn meine Augen
haben auf dieser Welt das heilige Reich deiner Auser=
wählten vermehrt gesehen.“

Die letzten Worte hatte er nur leise und mit vor
Wehmuth fast erstickter Stimme vor sich hingesprochen,
jetzt aber schwieg er, und Theodor und Georgis stürzten
zu seinen Füßen und baten um seinen priesterlichen Se=
gen. Weinend ertheilte er ihnen denselben, dann zog er
sie an seine Brust, an sein Herz, riß sich los und ver=
schwand auf den Stufen der Treppe, welche in die in=
nern Gemächer des Schiffes führte.

Jetzt trat der alte Kapitän mit verbundenem Haupte
hervor; er trug den Streithammer, den Säbel und die
Pistolen des Seeräuberkapitäns in seinen vor Alters=
schwäche und innerer Regung zitternden Händen und sprach
zu dem andern Kapitän: „Noch ein Mal danke ich euch
für die mir so zeitig gesandte Hilfe; möge der Allgütige
im Himmel euch dafür einst in seinem göttlichen Rath=
schlusse fügen, daß ihr nie in den gleichen Fall kommt,
Hilfe zu bedürfen.“ Ebenso dankte er auch dem Schiffs=
volke; dann aber wandte er sich zu Theodor und sprach
zu ihm: „Junger Held! ohne euern Beistand wären wir
trotz aller Hilfe verloren gewesen, denn die Uebermacht
der feindlichen Schaaren war zu groß, und nur der Tod
des fürchterlichen Amurath's konnte die Bluthunde schrecken
und sie von ihrer Beute vertreiben. Ohne euere Waffen=
that würde ich jetzt wohl bei den Todten im Meeres=
grunde und mein Schiffsvolk in Ketten und Banden lie=
gen; nehmt daher noch ein Mal unsern Dank, die Ver=
sicherung unserer Liebe und Freundschaft und hier euere
Beute, die Waffen des von euch erschlagenen Türken=
führers, die ihr rechtmäßig erworben habt.“

Theodor nahm tiefgerührt die Gabe an. Sie schie=
den nun und bestiegen das Boot, welches sie zu ihrem
Schiffe brachte; die Kanonen donnerten, die Segel bläh=

ten sich im Winde, und unter einem lauten „Fahret wohl“
der Matrosen trennten sich die Schiffe und zogen jedes
seine Bahn nach entgegengesetzten Richtungen.

Fröhlich segelten unsere Freunde Europa zu, doch
plötzlich verwandelte sich ihre Freude abermals in
Schrecken, wie denn auch in der Welt keine Freude
lange währt und, ehe wir es uns versehen, von neuer
Prüfung verdrängt wird.

Hinter ihnen erblickten unsere Freunde das Schiff
der Seeräuber, die ihre vereinigten Kräften kaum zum
Weichen gebracht hatten, mit vollen Segeln ihnen nach=
eilen; bald mußten sie von ihm erreicht werden, und
dann galt es nur Sieg oder Tod.

Alle standen lautlos; einige begannen zu jammern
und zu klagen, doch der Kapitän befahl, sogleich alle
Segel aufzusetzen; „die Nacht ist nicht mehr fern,“
sagte er, „vielleicht entgehen wir diesen Bluthunden im
Dunkel derselben.“

Eiligst entsprachen die Matrosen seinen Befehlen,
mehrere andere schleppten die kaum erst auf die Seite
gebrachten Waffen wieder herbei, entschlossen, lieber mit
den Waffen in der Hand zu sterben wie Helden, als
sich der grausamen Rache der Türken auszusetzen.

Theodor umgürtete sich wieder mit dem Schwerte
und blickte wehmüthig gen Himmel, als wollte er sagen:
„Ist des Blutes noch nicht genug vergossen? doch nicht
mein, sondern dein Wille geschehe, o Herr!“

Georgis sagte zum Freunde: „Nun werde ich bald
den Himmel schauen, denn lebend falle ich nicht in die
Hände der Landsleute.“ Trauernd sahen sich die beiden
Freunde an, „es geht früher mit uns zu Ende, als ich
gedacht habe,“ meinte endlich der Eine. „Da es nun
aber einmal an's Scheiden geht, so laßt uns Abschied
nehmen für diese Welt und uns verzeihen, wenn wir ein=
ander etwas zu Leibe gethan haben,“ setzte er gegen die
Matrosen gerichtet hinzu, „Brüder sterbet ehrlich und
haltet Christum im Herzen!“

Immer näher und näher kam das feindliche Schiff,

denn auch sie hatten alle Segel aufgesetzt; plötzlich hüllte sich eine der Stückpforten des Seeräuberschiffes in Rauch, die Kugel schlug wenige Schritte vor ihrem Schiff in das Wasser, und bevor sie noch den Knall des Schusses hörten, konnten sie schon seine Wirkung sehen.

Doch auch die Dunkelheit brach indessen herein und bevor die Seeräuber noch ihre Boote in das Wasser gesetzt hatten, um an das Schiff zu rudern, sank schon die stille Nacht von allen Seiten nieder, und unsere Freunde konnten Gott danken, mit dem bloßen Schrecken davon gekommen zu sein.

Nach einer Fahrt von acht Tagen erreichten sie Malta, und nach kurzer Rast ging es wieder hinaus in das Meer; fröhlich schwellte der Wind die Segel und bald blinkte die Bucht von Neapel herüber. Weißlicht stieg der Rauch des Vesuvs gen Himmel, sie kamen an der Insel Ischia vorüber der Stadt immer näher; schon gewahrte man die Thürme der Kathedralkirche, schon die Fahne auf dem Kastell St. Elmo, und endlich wurden die Anker ausgeworfen und die Gepäcke auf das Verdeck gebracht. Theodor versprach dem Kapitän, ihn nochmals zu besuchen, und fuhr mit Georgis in einem Boote an das Land.

Achtes Kapitel.

Der Tod eines Bekannten.

Mit welchen Empfindungen Theodor den Strand wieder betrat, wo er einst von Benvenuto Abschied genommen hatte, läßt sich wohl denken und fühlen, aber nicht beschreiben. Bald hatten die Freunde ein Gebäude gefunden, das zum Aufenthaltsorte für Georgis und seine Kaufmannswaaren geeignet war, und nach einem Gang in die Kirche trennte sich Theodor von jenem, der nun begann seine Geschäfte zu betreiben.

Theodor sehnte sich nach Nachrichten aus der Heimath, und da er vor seiner Abreise an seine Aeltern geschrieben hatte, sie sollten ihm schriftliche Nachrichten an Johann senden, so wollte er diesen aufsuchen, um ihn darüber zu befragen und die lieben heimathlichen Töne der Muttersprache auch wieder einmal zu vernehmen.

Er betrat die wohlbekannte Treppe, welche nach der Hausthüre führte, doch fand er im Hause nur fremde unbekannte Gesichter, die ihm auf seine Fragen nur mittheilten, daß sie das Haus erst neulich gekauft hätten und von einem deutschen Maler, der einst hier zur Miethe gewohnt haben sollte, nichts wüßten.

Langsam stieg Theodor die Treppe hinab, und wie er in Gedanken weiter ging, tönte plötzlich dicht neben ihm eine gellende Stimme: „Signore! kaufen Sie mir köstliche Orangen ab!“

Schnell fuhr Theodor bei diesen Worten der Gedanke durch den Sinn, wenn irgend in Neapel Jemand von Johannes etwas weiß, so muß es dieses Weib sein, der er oft etwas abgekauft, mit der er zu spaßen gepflegt hatte, und die ihn gewöhnlich nur ihren schmucken Jungen zu nennen pflegte.

Theodor trat auf sie zu, kaufte ihr etwas ab und bezahlte sie mit einem großen Geldstücke. Die Alte wollte herausgeben, doch Theodor wehrte es ab und sprach: „Laßt es gut sein, liebe Frau! ihr könnt mir dafür eine andere große Gefälligkeit erweisen; erinnert ihr euch nicht mehr eines jungen deutschen Malers, Johann mit Namen, der einst in diesem Hause wohnte?“

„O, Signore!“ antwortete die Alte, „wohl erinnere ich mich seiner. O das junge Blut, so lange die alte Gianetta lebt, wird sie seiner nicht vergessen.“

„O! sprecht, was begegnete ihm?“ rief Theodor in banger Ahnung aus.

„Seid froh, Signore,“ entgegnete die Alte, „daß ihr die schreckliche Begebenheit nicht mit angesehen habt: seht! eines Tages zog er mit andern lustigen Gesellen dort aus dem Hause; er scherzte noch mit mir und zog dann mit den andern in eines der Weinhäuser vor der Stadt, wie ich glaube. Am Abende wollte ich so eben meinen Kram zusammenpacken und Feierabend machen, denn es war schon ganz dunkel, da nahte sich von Weitem ein Zug, den Fackeln mit grellrothem Scheine beleuchteten, und mehrere Männer trugen etwas Verhülltes in ihrer Mitte an mir vorbei, und eine lange Blutspur bezeichnete den Weg, den sie gewandert.

„Von Neugierde getrieben ließ ich meine Waaren im Stiche und drängte mich dem Zuge nach, der die Treppe jenes Hauses hinaufging. Da man die Thüre nicht sogleich öffnete, so hatte ich Gelegenheit näher zu treten; der Seewind, der eben recht frisch wehte, schlug das Tuch zurück, das über den Verhüllten ausgebreitet war, und, o Schrecken! wen erblickte ich hier? O daß meine Augen so Entsetzliches mit ansehen mußten! ich sah meinen Johann, meinen schmucken Jungen, der Morgens noch so fröhlich ausgezogen war und nun die Schwelle des Hauses nicht mehr lebend überschritten hatte.

„Da lag der schöne, tapfere Mann, einen Stiletstich in der breiten Brust, da lag er, eine Leiche, die Faust geballt, die Stirne gerunzelt, mich mit den weit geöffneten gläsernen Augen unheimlich anstarrend! Ach, ich fürchtete mich fast, ihn anzuschauen; ich deckte das Tuch über ihn her und weinte bitterlich. Signore! mir ist ein lieber Mann gestorben, zwei treffliche Söhne fanden den Tod auf den Schlachtfeldern im Dienste des Kaisers, aber ihr Scheiden erweckte kaum den Schmerz in mir, wie das traurige Ende des armen Malers.

„Mein Mann starb nach langer Krankheit mit den heiligen Sterbsakramenten versehen, meine Söhne starben mit dem Schwerte in der Faust in der Schlacht, der Maler aber starb mitten im Rausche, in seinen Sünden, im Zorne des Hasses; — doch „du sollst nicht richten," spricht der Herr.

„Meine Nachbarin, eine arme Blumenhändlerin, die er oft reichlich beschenkt hatte, und ich schlichen andern Tages hinauf in sein Zimmer, wo die Todtenfrau mit Widerwillen bei ihm wachte.

„Nachdem sie ihn gereinigt und wir ihn mit Blumen geschmückt hatten, lag er wohl stattlich auf seinem Lager da, und wir sahen uns nun unter den vielen Bildern, die überall herumhingen, nach einem heiligen Bilde um, konnten aber keines finden, bis wir von einem andern Gemälde verdeckt ein prächtiges Madonnabild entdeckten, das wir mit Blumen umwanden und zu dem Haupte des Todten stellten.

„Da kamen seine Schüler, welche bitterlich weinten, denn sie hatten ihn sehr lieb gehabt, und endlich der Priester und der Leichenwagen, und man führte ihn hinaus auf den Kirchhof. Der Priester und seine Küster, seine Schüler, ich und die Blumenhändlerin waren das ganze Leichengefolge."

„Sie schwieg; Theodor aber war so bestürzt, daß er sich an der Mauer halten mußte, um nicht vor Schrecken über die gräßliche Nachricht umzusinken.

Nach einer Pause sagte er: „Wo ist das Grab des Ermordeten, auch ich kannte ihn einst und möchte auf seinem Grabeshügel beten." — „O Signore! entgegnete die Alte, „sein Grab würdet ihr schwerlich finden; doch die kleine Rosa, die Tochter der Blumenhändlerin, die schmückt es öfters mit einem Blumenkranze, denn er hatte das Kind sehr lieb gehabt, die wird euch gerne hinausführen. Johann's Grab ist fast ihre Heimath; sie sitzt oft Stunden lang auf demselben und meint, er werde noch einmal heraufkommen.

Ja, er wird einst wieder heraufkommen, dachte Theodor, drückte der Alten noch ein Geldstück in die Hand, vergaß seine verkauften Früchte und folgte seiner kleinen Führerin, die ihn auf den Kirchhof führte.

Hinten an der Kirchhofmauer, das Grab umwuchert von üppig aufschießenden Kräutern, da liegt sechs Schuh tief in der Erde der frohe Maler, der einst so wild, so kühn war, von allen Jenen, die ihn kannten, die seine Bilder fürstlich bezahlten und ihn mit Liebkosungen

überhäuften, um etwas von seinem Pinsel zu erhalten,
vergessen.

Niemand aus jenen glänzenden, rauschenden Gesell=
schaften, deren Zierde er einst gewesen, keiner seiner tollen
Zechbrüder, denen er in froher Laune ein Glas Wein
bezahlte, erinnerte sich mehr seiner.

Nur manchmal, doch höchst selten, kommt an sein
Grab einer seiner Schüler, um des Meisters zu ge=
denken.

So vergeht alles Körperliche, es geht unter in
Staub und Asche, doch das Gute, das man auf der
Welt thut, besteht über Grab und Tod hinaus. Die
vornehmen Bekannten des Malers hatten kein Gedächt=
niß für den Todten, wohl aber die arme Obst= und
Blumenverkäuferin, denen er Gutes gethan hatte.

So dachte Theodor, und seine Thränen flossen auf
das Grab des Frühgeschiedenen. „O, mein Johann!“
rief er aus, „o daß du mir doch gefolgt wärst; du
würdest noch am Leben sein. Doch Gottes Rathschlüsse
sind unergründlich, und er gebe, daß wir uns im Him=
mel wieder treffen mögen.“

Nachdem Theodor seine kleine Führerin reich be=
schenkt hatte, schlich er traurig zu Georgis. In einem
großen, gewölbten Handelssaale traf er ihn, zahlreiche
Diener um ihn her, und seltsam war es zu sehen, wie
er dem ganzen Treiben abfertigend und durch Winke
gebietend vorstand, ja, er verschmähte es öfters nicht,
selbst die Elle zum Abmessen köstlicher persischer und
indischer Stoffe zu ergreifen.

Sobald er aber Theodor gewahr wurde, kam er
sogleich auf ihn zu, schloß ihn in die Arme und führte
ihn in ein abgesondertes Zimmer, wo ein einfacher Bet=
stuhl, mit dem Crucifixe des Priesters Alonzo geschmückt,
wohl zur Genüge verkündete, welchem Zwecke derselbe
geweiht sei.

„Warum,“ fragte Georgis, „warum, lieber Theo=
dor! siehst du so traurig und niedergeschlagen aus?“ —
„O, tröste dich,“ rief er, als er Theodor's Erzählung

vernommen hatte, „sandte dir doch Gott aus dem fernen Asien einen Freund, der dir das ist, was der Ermordete dir nicht war."

„Ich brenne jedoch vor Sehnsucht, theurer Bruder, das allerheiligste Sakrament des Altars und der Firmung zu empfangen, um durch die letztere Stärkung vom heiligen Geiste im Kampfe mit der Welt zu empfangen; erst dann kann ich meinem Kaufmannsgeschäfte wieder frisch und kräftig vorstehen."

Theodor versetzte: „Du liesest mir in der Seele, theurer Bruder, und wenn du einen Augenblick von deinen Geschäften abkommen kannst, so wollen wir sogleich miteinander zum hochwürdigsten Erzbischofe gehen, dem ich deine Bitte vortragen will, und dessen Frömmigkeit und Weisheit wir uns zu unterwerfen haben."

Augenblicklich ertheilte Georgis die nöthigen Anordnungen in seinem Kaufmannsgewölbe und bald schritt er an Theodor's Seite nach dem bischöflichen Palaste.

Der ehrwürdige Greis, welcher damals den bischöflichen Stuhl zu Neapel inne hatte, war hocherfreut, als ihm Theodor die Sache vortrug, und dankte Gott vor ihren Augen für die Freude, die dieses Ereigniß in seinen alten Tagen noch in ihm erregte.

Den feierlichen Akt des Empfanges des heiligen Altarsakraments und das der Firmung verlegte er auf den kommenden Sonntag.

Georgis sollte jedoch bis dahin sich im erzbischöflichen Palaste zum würdigen Empfange dieser heiligen Sakramente vorbereiten, und gerne überließ er sich auch, nachdem er seine Geschäfte geordnet hatte, den Anordnungen des würdigen Prälaten.

Der Sonntag war gekommen, als Georgis von Theodor geleitet dem Altare nahte; der Erzbischof selbst reichte den beiden Freunden das heilige Altarsakrament, das Brod des Lebens, und welch' herzerschütternder Moment war dieses! Georgis fühlte, daß Jesus gekommen sei, bei ihm zu bleiben alle Tage bis zum Schlusse des Lebens; er faßte hier am Altare die heiligsten Vorsätze,

und unverbrüchlich hielt er sie bis zum Schlusse seiner
Tage, bis seine reine Seele die irdische Körperhülle verließ und sich zum Schöpfer aufschwang.

Jetzt wurde ihm das heilige Sakrament der Firmung gespendet. Theodor vertrat Pathenstelle bei seinem
Freunde; mit den fröhlichsten Empfindungen wohnten sie
hierauf dem Hochamte bei, und reich waren die Gaben,
welche Georgis noch geendigter kirchlicher Feier für die
Armen und Nothleidenden in die Hände des Erzbischofs
niederlegte.

Als sie die Kirche verließen, trat freundlich grüßend
ihr Schiffskapitän auf sie zu und sprach: „Fast glaubte
ich, Euch nicht mehr zu sehen; wohl mir, daß ich Euch
noch einmal treffe; meine Matrosen haben voll des
Dankes gegen Theodor, dem die alten Theerjacken ihre
Errettung und glückliche Heimkehr zuschreiben, ein fröhliches Gastmahl veranstaltet, zu dem auch ich, ich will
es nicht verhehlen, mein Scherflein beigetragen habe;
thut also ihnen und mir den Gefallen, dabei zu erscheinen und betrübt uns nicht durch abschlägige Antwort.“

Georgis und Theodor versprachen, am andern Tage
zu kommen, denn wie hätten sie am heutigen an leibliche Speisen denken können, wo sie die himmlische zu
sich genommen hatten; sie weihten sich heute nur dem
Gebete und freundlichen und erbaulichen Gesprächen.

Neuntes Kapitel.

Benvenuto's Erlebnisse.

In einem der besten Zimmer eines Wohnhauses
am Hafen von Neapel, von wo aus man eine herrliche
Aussicht über die vielen Schiffe aller Nationen genoß,
die dort vor Anker lagen, saßen die Freunde im Kreise

des Schiffskapitäns und der Matrosen und ließen sich
die ungekünstelten aber aufrichtigen Dankesäußerungen
derselben gefallen.

Nach geendigter Tafel nahm der Aelteste der Matrosen das Wort und sprach: „Drei Nationen sind in diesem Zimmer versammelt, und die Geister unserer im
Kampfe gefallenen Brüder werden herunterblicken auf
unser Mahl. — Wir haben Euch, fremder Maler! viel
zu danken; Gott der Allmächtige wird Euch einst vergelten, unsere Armuth ist es nicht im Stande."

Herzlich dankte Theodor, und Georgis beschenkte
sie Alle vom Ersten bis zum Letzten reichlich; auch die
Wittwen der im Kampfe Gefallenen vergaß er nicht
und ließ ihnen eine Summe auszbezahlen, daß sie zeitlebens nicht über Mangel und Noth zu klagen hatten.

Indessen näherte sich der Kapitän, setzte vor Theodor ein verschlossenes Kästchen nieder und dankte ihm
auf das herzlichste für die Rettung seines Lebens. In
dem Kästchen befand sich ein herrlich gearbeiteter Becher,
der künstlich aus alten Gold- und Silbermünzen zusam-
mengelöthet und mit einem Deckel versehen war, den die
seltensten Meeresmuscheln zierten.

Auf einer Silberplatte der vorderen Seite war ein-
gegraben: Jacobo Lauriani dem Retter seines
Lebens aus Meereswogen. — Dankbar nahm
Theodor die freundliche Gabe an, welche er nicht ver-
schmähen konnte, ohne den guten Kapitän zu kränken.

Erst spät Abends trennten sie sich; die alten, sonst
für solche Empfindungen nicht empfänglichen Seeleute
weinten wie Kinder beim Abschiede, und auch Theodor
und Georgis ging dieser nahe. . . . .

Letzterer begann seine Handelsgeschäfte wieder mit
neuem Eifer, und Theodor machte sich auf den Weg
nach Florenz, um Benvenuto dort aufzusuchen; doch vergebens waren alle seine Nachforschungen, Niemand wollte
von dem Aufenthalte des Goldschmiedes und Prägemeisters Benvenuto etwas wissen.

Wohl erfuhr er Manches über ihn, doch nur

Schlimmes, was er jedoch nicht glaubte; aber wo er
sich aufhalte, konnte ihm Niemand angeben. — Mehr
als eine Münze bekam Theodor zu sehen, an deren
künstlichem, scharfem Gepräge er die kunstfertige Hand
seines Freundes erkannte; aber wo weilet der Künstler?
ist er vielleicht schon todt? So dachte Theodor, als er
eines Abends von vielen Nachforschungen ermüdet in den
Gasthof zurückkehrte, in welchem er wohnte.

Hier hörte er, daß am folgenden Tage eine große
Gemäldeversteigerung stattfinden sollte; er beschloß, ihr
beizuwohnen und dann zu Georgis zurückzukehren.

Zur bezeichneten Stunde verfügte er sich in den
Saal, in welchem die Versteigerung abgehalten wer=
den sollte.

Schon waren mehrere schöne Bilder versteigert, als
der Ausrufer rief: „Nr. 25, Petrus gefangen nach Rom
gebracht, Gemälde von einem unbekannten Meister." —
Theodor horchte hoch auf und war neugierig, das Ge=
mälde zu sehen, da er, wie wir wissen, den nämlichen
Gegenstand für Benvenuto gemalt hatte.

Wer malt sein Erstaunen, als er in dem soeben
ausgerufenen Bilde sein eigenes erkannte; überrascht rief
er den Ausrufer auf die Seite, fragte ihn, wie das Bild
in die Versteigerung komme und theilte ihm zugleich mit,
daß er selbst der Schöpfer desselben sei.

Voll Ehrfurcht und Achtung trat der Ausrufer einige
Schritte zurück und sprach: „Dann habe ich die Ehre,
in Euch einen der größten jetzt lebenden Maler zu be=
grüßen, denn ich verstehe mich auf Bilder."

Bescheiden lehnte Theodor das Lob ab und bat ihn
nur, ihm zu sagen, wie er zum Besitze des Bildes ge=
kommen sei.

„Nun, Herr!" begann der Gefragte, „gestern Abend
kam eine junge, ärmlich gekleidete Frau zu mir, brachte
mir dieses Bild und bat mich, es mit in der heutigen
Gemäldeausstellung zu versteigern; es sei ihre letzte Habe
und ihr Mann könne sich kaum davon trennen, indem

es ihm in frühern glücklicheren Tagen ein theurer Freund zum Andenken gemalt habe."

"Wo wohnt die Frau?" unterbrach ihn Theodor.

"Damit kann ich Euch nicht dienen," versetzte Jener, "doch wenige Stunden nach der Versteigerung wird sie wohl kommen, um das dafür erlöste Geld abzuholen. Bleibet daher bis dahin hier und wartet das Ende der Versteigerung ab."

Theodor blieb; er hatte keine andere Wahl, jedoch bat er den Ausrufer, das Bild nicht zu versteigern, indem er der Familie, der das Bild gehöre, auf andere Weise aus der Noth helfen wolle, indem er zugleich dem Mann ein Stück Geld in die Hand drückte.

Sie gingen miteinander wieder zum Verkaufstische, wo bereits mehrere Kenner das Bild genau betrachteten und große Lust zum Ankaufe des Bildes zeigten; sie äußerten auch großen Verdruß, als der Auctionator ihnen eröffnete, er könne kein Gebot darauf annehmen, indem jener Herr, er zeigte auf Theodor, sich als den rechtmäßigen Eigenthümer des Bildes erwiesen, dem es entwendet worden sei.

Tief erröthete Theodor, denn ihm war sogar der Gedanke einer Lüge ein Abscheu, und er wollte sich so= eben laut darüber äußern und der Wahrheit die Ehre geben, als der schlaue Italiener, der wohl merkte, wel= chen Eindruck seine Rede gemacht hatte, sogleich mit der Versteigerung fortfuhr.

Theodor erwartete mit Ungeduld das Ende der Auction, und er sah nicht mehr auf die herrlichen Mei= sterstücke italienischer Kunst, die rings umher standen, sondern erblickte im Geiste nur die arme Frau, die das Bild gebracht und gesagt hatte, es sei eine letzte Habe; — wer konnte der unglückliche Besitzer anders sein, als Benvenuto?

Die Versteigerung war endlich geendet, die Menge verlief sich, als eine junge Frau, in deren schönen Zügen wohl der Gram zu lesen war, der sie jedoch nicht hatte zerstören können, bewüthig eintrat, einen hastigen Blick auf die leeren Wände warf und plötzlich heftig erschrak, als sie ihr Bild noch dahängen sah, indem sie wohl glaubte, es sei unverkauft geblieben.

Eben trat sie auf den Auctionator zu und wollte ihn darüber befragen, als Theodor dem Geschwätzigen noch einmal ein Geldstück in die Hand drückte, das Bild in die Hand nahm und die Frau bat, ihn zu ihrem Manne zu führen.

Ein Strahl der Hoffnung erleuchtete ihre gebeugte Seele, sie ging langsam und von Leiden entkräftet an Theodor's Seite hin, und dieser bot ihr, als er ihre Schwäche bemerkte, mitleidig den Arm. Sie blickte scheu und furchtsam an ihm auf, da sie aber seine sanften Züge und deren ruhigen und milden Ausdruck gewahrte, nahm sie mit Dank, aber schüchtern sein Anerbieten an.

So gingen sie durch die Gassen von Florenz, schritten durch ein kleines Gäßchen und standen vor einem hohen alterthümlichen Hause still; doch noch viele Treppen mußten erstiegen werden, bis sie zu der ärmlichen Dachstube gelangten, welche die Wohnung des Mannes und seiner Frau war.

Die Thüre that sich auf, am offenen Fenster saß Benvenuto, der einst so kräftige, blühende Künstler, jetzt bleich und mit eingefallenen Zügen.

Er bemerkte die Eintretenden nicht, und Theodor gab der Frau durch ein Zeichen zu verstehen, ihn nicht zu stören. Benvenuto schaute unverwandt der untergehenden Sonne nach, welche das ärmliche Zimmer mit ihrem schnell verschwindenden Glanze bedeckte.

Ein schmerzliches Lächeln flog über seine Züge, als wollte er ausdrücken, so vergeht Alles auf der Welt, doch die Sonne wird wieder auferstehen; auch der sterbliche Leib wird vergehen, die Seele aber in eine bessere Heimath versetzt werden.

Theodor unfähig, seine Bestürzung zurückzuhalten, machte ein Geräusch; Benvenuto wandte sich langsam um und erkannte Theodor sogleich wieder; er wollte aufstehen und konnte nicht; — schon lag der Freund ihm an der Bruſt, ſchon fühlte er die Nähe deſſen, den er ſich oft in Leid und Freud bei ſich gewünſcht, an den er ſo oft gedacht, nach dem er ſich ſo ſehr geſehnt hatte.

„Freund!" ſagte Benvenuto mit leiſer Stimme, „kommſt du, mein Leichenbegängniß mit anzuſehen, oder träume ich?"

„Du träumſt nicht!" rief Theodor, „doch hätte ich nicht geglaubt, als wir einſt in Neapel ſchieden, dich hier ſo wiederzufinden."

„Nun," ſagte Benvenuto, „meine Werkſtätte ſieht freilich nicht mehr ſo ſchön aus, als in Rom, oder unſer freundliches Stübchen in Neapel; doch du kennſt ja das alte Sprüchwort: „„Kein Prophet iſt in ſeinem Vater= lande geehrt,"" das iſt der Fluch, der mich getroffen. Deine Geſchichte brauche ich dir wohl nicht abzufragen; du kommſt fröhlich und geſund aus einem fernen Welt= theile, das ſpricht dieſe gebräunte Wange; du haſt viele Gefahren überſtanden und gingſt ſiegreich aus denſelben hervor, während ich unter meinen Landsleuten, in mei= ner Vaterſtadt die fürchterlichſten Qualen, Hunger und am Ende Krankheit erlitten habe."

Theodor fragte die Frau, ob ihrem Manne wohl das Sprechen nicht ſchädlich ſei, und dieſe bemerkte, der Arzt habe es ihm im Gegentheil angerathen, damit die angegriffene Bruſt ſich nach und nach wieder ſtärke.

„Als wir," fuhr Benvenuto fort, „dort in Neapel ſchieden, trat ich fröhlich meine Stelle dahier an. Dank ſei es meiner frühern Sparſamkeit und dem Erbtheile des alten Goldſchmiedes, ich konnte mir ein ſchönes Haus kaufen und es ſchuldenfrei einrichten.

„Ich war bald mit Arbeit der mannigfaltigſten Art überhäuft und beſaß bald einen ausgezeichneten Ruf; du wirſt wohl manche der nach meinen Präge= ſtöcken gefertigten Münzen geſehen und gleich erkannt haben.

„Da ich ſah, daß es mir wohl ging, heirathete ich eine wackere ſittſame Jungfrau; das züchtig arbeitſame Mädchen wurde die treueſte Gattin, die mir aber jetzt das Sterben schwer macht, wenn ich daran denke, in welchem Zustande ich sie in die Welt zurücklassen muß."

Zärtlich blickte er dabei seine Frau an, die weinend und erröthend die Augen niederschlug.

„Ich hatte vor ungefähr einem Jahre für die Stadt ein herrliches Kleinod zu arbeiten, in welches ein Diamant von großem Werthe gesetzt werden sollte, und das einer kaiserlichen Prinzessin zum Hochzeitsgeschenke bestimmt war.

Ich bewahrte den Diamant sorgfältig und verschloß das Kleinod, nachdem ich es vollendet hatte, behutsam in ein Kästchen, um es am nächsten Tage dem versammelten Senate zu überreichen; das Kästchen verschloß ich in einen andern Kasten und glaubte es nun hinlänglich gesichert.

In der Nacht glaubte ich an dem Orte, wo es aufbewahrt wurde, ein Geräusch zu hören; hastig riß ich mein Schwert von der Wand und eilte dem Orte zu; doch ach, ich kam zu spät, schon war der Schrank erbrochen, schon war das Kästchen beraubt; ich glaubte verzweifeln zu müssen, und nur das Bewußtsein meiner Unschuld hielt mich aufrecht; ich betete innig zu Gott und ging, sobald der Tag anbrach, zum Rathe und meldete den Verlauf der Sache.

„Kein Einziger der Rathsherren glaubte mir; Alle meinten, das habe man zum Lohne, wenn man einem Armen zu etwas verhelfe, und zweifelten gar nicht, daß ich das Kleinod irgendwo versteckt hätte und schon noch hervorholen und verkaufen werde, um später mit dem Golde meiner Mitbürger herrlich und in Freuden zu leben.

„Vergebens bat ich, mich zeitlebens genau zu bewachen; die weisen Herren glaubten, ein gutes Mittel zu haben, den Ort, wo ich es verborgen, von mir zu erfahren.

„Sie wandten das Mittel an, es war kein anderes, als die fürchterliche Folter. Theodor, siehe hier diese Brandmale unter meinen Achseln: sie banden mich an eine Leiter und dehnten mir die Arme weit in die

Höhe aus, und brannten mir die Höhlen der Arme mit brennenden Wachskerzen, und da ich standhaft blieb und in meiner Unschuld nicht gestehen konnte, schraubten sie mir die Daumen mit Schraubstöcken zusammen, bis das Blut herausspritzte. Ich aber fuhr fort zu sprechen: Ich habe nichts zu gestehen.

„Nach vielen vergeblich versuchten Martern wurde endlich der höchste Grad der Folter an mir angewandt: eine ungeheure Menge Wasser wurde mir in den Mund gegossen, und als der Leib davon angeschwollen war, da legte man ein Brett auf meinen Körper und suchte es auf diese Art wieder herauszupressen.

„„Unmenschen,““ rief ich, als ich wieder reden konnte, „„bringt mich um, thut mit mir, was Ihr wollt, ich habe das Kleinod nicht, so wahr ein Gott lebt!““ Da ließen sie mich endlich frei; doch kaum war ich in dem ärmlichen Stübchen angekommen, in welchem meine Frau wohnt, seit man sie aus unserm Hause vertrieben hatte, das die Stadt als Schadenersatz, wie sie sich aus= brückten, an sich gezogen hatte, so brach eine Krankheit aus, die mich und meine Frau befiel, und an der wir lange noch zu leiden hatten; mich wundert's nur, daß ich noch lebe; doch Gott sei gelobt und sein heiliger Wille, selbst in Elend und Noth.

„Das Einzige, was mir von meinem frühern Ver= mögen blieb, war Dein Bild; so lange ich dieses noch hatte, tröstete ich mich immer, wenn Du einmal wieder= kommst, so kann ich doch sagen: das Andenken Deiner Freundschaft war mein Trost im Leiden; doch gestern hatte meine Frau kein Brod mehr, da erlaubte ich, von der Noth gedrungen, daß sie es forttrage, — doch, was sehe ich? dort hängt es ja wieder!

„Und warum nun noch klagen? Gott ist ja allgü= tig, er ist allgerecht, und er wird mir mein Leiden tau= sendfach ersetzen, wenn nicht hier, doch in einer andern Welt.“

Mit der Ruhe eines Job oder eines Märtyrers, der Gott noch unter den stärksten Qualen lobt, hatte

Benvenuto die Erzählung der gräßlichen Erlebnisse geendet.

Seine Frau schwamm in Thränen, denn noch nie hatte ihr ihr Mann eine so genaue Darstellung seiner Leiden mitgetheilt.

Inzwischen trat ein alter, aber noch rüstig und munter aussehender Mann in das Stübchen. „Willkommen Signore," begann Benvenuto, „hier seht Ihr meinen ältesten und bewährtesten Freund, den Schöpfer jenes Bildes, welches Ihr schon öfters bewundert habt, und hier Theodor! dieß ist der größte Arzt von Florenz, der berühmte Carli, der es nicht verschmähte, seine hohe Kunst an mir armen, von der blinden Gerechtigkeit übel zugerichteten Menschen unentgeltlich auszuüben." Die Frau hatte indessen von andern Bewohnern des Hauses Sessel entlehnt, und bald saßen sie Alle im traulichen Kreise beisammen; der Arzt, ein höchst verständiger Mann, hatte nie an der Unschuld Benvenuto's gezweifelt, hatte er doch selbst einst erfahren, was leiden heiße. Er freute sich sehr, in Theodor den Schöpfer des von ihm so oft bewunderten Bildes kennen zu lernen.

Endlich nahm Carli Abschied, da er noch einen Gang zu einem gefährlich Kranken zu machen hatte, und Theodor begleitete ihn eine Strecke, nachdem er Benvenuto versprochen hatte, gleich wieder zu kommen, und fragte den erfahrenen Mann, ob er für Benvenuto's gänzliche Genesung wohl noch einige Hoffnung hege?

„Allerdings ist noch Hoffnung vorhanden," versetzte derselbe, „seine kräftige Gesundheit ist wohl im Stande, sich wieder aufzurichten, um so mehr, da seine Gemüthsstärke und sein Gottvertrauen fest ist und unerschütterlich, wie ein Felsen. — Wahrlich, junger Freund! ich saß oft viele Stunden an seinem Bette, an dem elenden Schmerzenslager, doch nie entfuhr dem Dulder eine Sylbe der Klage über die ungerechte schonungslose Behandlung, die er erlitten hatte; noch mehr wunderte mich, daß er jede Gabe von mir zurückwies, fest entschlossen, wenn er nichts mehr habe, zu verhungern, damit seine Mitbürger die Ueberzeugung erhielten, er sei unschuldig an dem Verbrechen, dessen man ihn beschuldige.

„Oft bot ich ihm große Summen für das von Euch gemalte Bild, doch nie konnte ich ihn bewegen, es zu verkaufen!"

Der Arzt nahm jetzt herzlichen Abschied von Theodor, der sodann in die Dachstube zurückkehrte.

Bilder der Vergangenheit erfüllten seine Seele; er gedachte der einfachen Wohnung am trapejischen Felsen in Rom und ihrer Lieblichkeit, und des gegenwärtigen Elendes seines Freundes; — Thränen des Mitgefühls rannen über seine Wangen; „keine Stunde soll er länger leiden," sprach er zu sich selbst, „noch heute reite ich nach Neapel zu Georgis zurück, er ist reich, er soll und wird helfen."

Er nahm Abschied von Benvenuto, seine Geschäfte vorschützend, und gab der Frau zur Bestreitung ihrer Bedürfnisse nur so viel Geld, als er entbehren konnte, indem er sie bat, bei der bestimmten Voraussicht einer bessern Zukunft sich nichts abgehen zu lassen.

Benvenuto merkte wohl, daß sein Freund etwas vorhabe, und war daher nicht betrübt über die schnelle Abreise desselben. Theodor nahm Abschied, drückte Benvenuto die Hand, eilte schnell in seinen Gasthof, ließ dort sein Pferd satteln und ritt, so schnell als Roß und Reiter konnten, Neapel zu.

Kaum gönnte er sich einige Ruhe, um nur seinem Freunde recht bald Hülfe bringen zu können, und Dank sei es der Eilfertigkeit seiner Reise, bald kam er in Neapel an. Georgis, der Theodor voll Liebe und Zärtlichkeit empfing, war erstaunt über seine schnelle Rückkehr, noch mehr aber über sein kummervolles Aussehen.

In dem abgelegenen Betzimmer erzählte Theodor seinem Freunde die Begebenheiten seiner Reise und malte ihm das Elend der Familie so lebhaft, als er es nur immer durch Worte vermochte, so daß dieser ausrief: „Benvenuto muß geholfen werden, und sollte es mein ganzes Vermögen kosten und ich mein Brod als Lastträger im Schweiße meines Angesichts verdienen müssen. Dieser Mensch duldete ja so viel und noch mehr des Elends, als mancher der Märtyrer, von welchen Du mir auf dem Schiffe erzählt hast."

„Dein Vermögen wird es wohl nicht kosten," sagte Theodor, über den Eifer seines Freundes lächelnd, „doch willst du des Wohlthuns Süßigkeiten kosten, so komme selbst mit nach Florenz, Du lernst dort einen der besten Menschen kennen, die auf Gottes Erdboden wandeln."

Georgis war hierzu bereit, und schon am nächsten Morgen ging es, nachdem er sein Waarengewölbe seinen bewährten Dienern anvertraut hatte, an Theodor's Seite aus dem Thore des sonnigen Neapels. Sie ritten Tag und Nacht hindurch, da Theodor des Weges, den er jetzt schon zum dritten Male machte, wohl kundig war.

Gegen Mitternacht ritten sie eben wieder durch einen dichten Wald von Olivenbäumen, als plötzlich drei Männer aus dem Dickicht hervorsprangen und den Pferden in die Zügel fielen. „Euer Geld oder Euer Leben!" so riefen sie unsern Freunden zu, und Theodor war schon im Begriffe, zu Georgis zu sagen: „Gieb den Elenden das Geld, das Leben ist mehr werth!" da gedachte er des Freundes, er gedachte Benvenuto's und seiner Noth, die eben dieses Geld lindern sollte. Er rief aus: „O Jesu! um des Freundes willen erbarme dich! Georgis, sei ein Mann und wehre Dich Deines Lebens!" er schlug denjenigen, der die Zügel seines Pferdes gefaßt hatte, so stark mit der geballten Faust in das Angesicht, daß er zurücktaumelte, und er Zeit hatte, das Schwert und eine Pistole zu ziehen.

Georgis, das Kind Arabiens, gab zu gleicher Zeit seinem Hengste die beiden Sporen, so daß derselbe sich losriß von der Faust des Banditen, der ihn gefaßt hatte, und ihm Zeit gab, seine funkelnde Perserklinge zu ziehen. Wohl pfiff eine Kugel an seinem Haupte vorüber, doch schon lag von einem Hiebe der Sichelklinge der Eine auf dem Boden, während ein Pistolenschuß Theodor's den Andern dazu gesellte.

Als der Dritte sah, daß hier nichts zu holen sei, als der Tod, und er in das grimmige Schlachtengesicht Georgis blickte, da sank ihm der Muth, und mit einem Satze verschwand er in den Wald.

Die beiden Freunde stiegen von den Pferden ab und untersuchten den Zustand der am Boden liegenden: der eine von Georgis Hiebe Getroffene war todt, der andere von Theodor's Kugel Getroffene, ein blutjunger Mensch, lebte noch und ächzte und stöhnte fürchterlich.

Theodor sprach nun: „Ich mag den Menschen hier nicht im Walde umkommen lassen! der nächste Ort ist nur eine Viertelstunde entfernt, wir wollen ihn zwischen unsere Pferde nehmen und so mit uns dort hin bringen. Vielleicht ist er nur verführt worden und bessert sich noch: du kennst ja den schönen Spruch der heiligen Schrift: „Ueber einen Sünder, der Buße thut, ist mehr Freude im Himmel, als über neunundneunzig Gerechte."

Sie erreichten das Dorf und kamen in den Gast= hof. Hier riefen sie den heilkundigen Barbier und ba= ten ihn, zu helfen, wenn irgend Hilfe möglich sei.

Doch dieser entgegnete: „Das war ein Kraftschuß, und Hilfe ist so unmöglich, als wäre ihm der Kopf ab= gehauen worden; das Menschenkind lebt keine Stunde mehr."

Da der junge Räuber diese Worte vernahm, fing er bitterlich zu weinen und zu ja jammern an, und bat flehentlich, ihm einen Geistlichen zu senden, damit er das Bekenntniß seiner Sünden vernehme.

Ein schnell herbei geeilter Mönch des Franziskaner= klosters vom Orte hörte die Beichte des jungen Ver= brechers. Doch die Beichte hatte noch nicht lange ge= dauert, als der Geistliche schon unsere Freunde und den Barbier herbei rief und zu ihnen sagte: „Ihr meine lieben Herren und auch ihr Meister Jakob (so hieß der Barbier) müsset Zeugen einer höchst wichtigen Aussage sein, die der Sterbende mir so eben abgelegt hat."

Alle traten an das Bett; schmerzvoll rang der junge Verbrecher die Hand und rief: „Hochwürdiger Herr!

ich will ja gerne meine Missethat bekennen, nur gebt mir die Absolution." Der Mönch versprach sie ihm, wenn er aufrichtig und reumüthig sein Geständniß wiederholen wollte.

Der junge Verbrecher begann: „Ich bin in der Fischerhütte meines Vaters, die auch mein Oheim bewohnte, auferzogen worden; beide galten allgemein für rechtschaffene Leute, waren es aber nicht, denn sie stahlen, wo sie etwas erwischen konnten.

„Sie gaben mich zu einem Schlosser zu Florenz in die Lehre, und meinten, mich auf diese Weise in spätern Jahren gut benützen zu können; ich aber gewann meine Arbeit lieb und galt bald für einen Tausendkünstler.

„Bei einer Arbeit im Hause des Goldschmieds Benvenuto, der zugleich Prägemeister der Münze war, sollte ich ein überaus künstliches Schloß anfertigen, und da das Kästchen, an das das Schloß gehörte, nur klein war, so schloß ich, es müßten überaus große Kostbarkeiten darinnen aufbewahrt werden.

„Ich hatte den Griff des ersten Schlüssels nicht schön genug gearbeitet, und da ich den Verweis des Meisters fürchtete, so warf ich ihn gleichgültig unter das alte Eisen und formte einen neuen; nach einiger Zeit fiel mir jedoch ein, der Meister könne den ersten finden und mich zur Rede stellen, und ich schob ihn daher in die Tasche.

„Am andern Tage schlugen wir das Schloß beim Goldschmiede an und es wurde ihm der zweite Schlüssel, den ich verfertigt hatte, übergeben.

„Am nämlichen Abende noch besuchte ich meinen Vater und dessen Bruder und hörte mit Aufmerksamkeit ihrem Gespräche zu; sie sprachen unter anderm von einem Diamant, den jetzt Benvenuto, der geschickteste Goldschmied weit und breit, in den Händen habe. Hätten wir diesen Stein, meinten sie, so wäre uns für das ganze Leben geholfen; denn er soll Millionen werth sein, und da dürfen wir denn nicht mehr bei feuchter Witterung um ein paar Fische, welche die Reichen speisen wollen,

in den kalten Nebel hinaus; da dürftest auch du, lieber
Giuseppe, sprachen sie zu mir, nicht mehr vor der heißen
Esse stehen und den Befehlen deines Meisters gehorchen.

„Ich erzählte ihnen hierauf, daß ich wohl wisse,
wo das Kleinod beim Goldschmiede verwahrt sei, ja,
daß ich auch den Schlüssel zum Kasten besitze, worin
es liege, und fügte bei, daß sie ohne den Schlüssel das
Schloß schwerlich aufbringen würden.

„Beide hörten mit großer Freude meine Rede an,
und ich ließ mich von ihnen verleiten, ihnen Anleitung
zu geben, wie die verbrecherische That am Besten aus=
zuführen sei. — In einer finstern Nacht wurde die That
vollbracht; wir verletzten das Behältniß noch auf eine
Art, daß man wohl glauben konnte, es sei erbrochen
worden, damit ja niemals der geringste Verdacht auf
mich fallen konnte.

„Bald verbreitete sich das Gerücht in der Stadt,
daß der Goldschmied Benvenuto das ihm anvertraute
Kleinod entwendet habe.

„Mein Vater und mein Oheim beschlossen indeß,
noch eine Zeitlang in ihrer bisherigen Lebensweise fort=
zufahren, und auch ich blieb bis nach überstandenen
Lehrjahren, die nur noch einige Wochen währten, bei
meinem Meister.

„Doch wir waren nicht glücklich im Besitze des
Schatzes. Die beiden Brüder fürchteten einander, und
beide fürchteten mich; jeder glaubte, der andere strebe
nach seinem Leben, um das Kleinod allein zu besitzen;
es zu verkaufen wagten wir doch auch nicht, indem die
schärfsten Nachforschungen nach ihm angestellt wurden,
und so, obwohl im Besitze eines unermeßlichen Schatzes,
starben wir doch beinahe den Hungertod.

„In dieser Lage beschlossen wir Reisende anzufallen
und zu plündern; das Kleinod aber, welches wir ge=
raubt und nicht einmal gesehen haben, liegt in der
Ruine am Eingange dieses Waldes unter dem mittel=
sten Steine des Marmorbodens, zwei Schuß tief unter
einem andern Steine vergraben.“

Er schwieg, schwere Seufzer entstiegen seiner Brust, noch einer, der letzte, und noch ehe ihm der Priester die Lossprechung ertheilen konnte, sank er todt auf das Strohlager zurück, — ob wohl diese Blüthe auch für den Himmel gereift ist?

Freudig sah Theodor seinen Glauben an die Unschuld seines Benvenuto bestätigt, und auf sein Anbringen machte sich die Gesellschaft augenblicklich auf den Weg nach den Ruinen.

Große Fackeln beleuchteten ihren Weg, da der Mond längst untergegangen war, dem Walde zu, und endlich gewahrten sie von ferne hochanstrebende, mit Schlingpflanzen und Waldreben wucherisch umwachsene Säulenmassen und kamen zu der Ruine, die einst ein Tempel der Römer und nun der Bergort eines Gegenstandes war, dessen Verschwinden einem Unschuldigen so viele Leiden verursachte.

Die mittlere Platte des Bodens wurde nun ausgehoben, zwei Schuh tief gegraben und endlich der zweite Stein entdeckt, auch dieser gehoben, und da zeigte sich ein Kästchen von schwarzem Ebenholze.

Schnell nahmen sie es und verließen das unheimliche Gemäuer, wo Fledermäuse ihnen um die Köpfe schwirrten und das Licht ihrer Fackeln fast zu erlöschen drohten.

Im Wirthshause angekommen, setzte sich Theodor an den Tisch und betrachtete neugierig das Kästchen, während sich die Uebrigen um ihn drängten und im Hintergrunde der todte Verbrecher lag. Da drückte Theodor an eine der mit Messing beschlagenen Ecken, das Kästchen sprang auf, und welch wundervoller Anblick bot sich dem Auge der Freunde dar!

In dem mit schwarzem Sammt ausgeschlagenen Kästchen lag ein Crucifix. Der Stamm des Kreuzes war von Gold und auf wundervolle Weise mit Ciselirarbeit geschmückt; kunstvoll war das Crucifix gegossen und am obern Theile zeigte sich in hundertfacher Strahlenspiegelung der wunderschöne Diamant.

Alle waren erstaunt. „O mein Jesu!" sagte Georgis, „also um deines Abbildes wegen wurde dieses gräßliche Verbrechen begangen! O Menschen, wie schlecht seid ihr, wie gut muß aber jener sein, der diesen wunder- vollen Kopf zu bilden verstand! — Wie geduldig er aber auch seine Martern ertrug, wie konnte er anders, nachdem er das göttliche Vorbild am Kreuze gebildet hatte?"

Theodor erzählte nun dem Mönche und den An- wesenden die Geschichte des Goldschmiedes und die fürch- terliche Folter, die er um dieses Bildes willen erlitten hatte, und Alle waren stumm vor Schrecken und Er- staunen.

Der Wirth aber sprach: „In meinem Hause mag ich ein so kostbares Gut nicht wissen; machet euch daher auf den Weg nach Florenz; ich, der Pater und der Schulze werden euch begleiten, um vor Gericht Zeugniß abzulegen, damit ja der gute Goldschmied keine Stunde länger in seinem traurigen Zustande lebt."

Der Pater ließ sich sein Maulthier aus dem Kloster holen, und der Wirth gab dem Schulzen eines aus sei- nem Stalle und machte sich auch selbst mit auf den Weg.

Es war indessen Morgen geworden, und munter wieherten die Pferde in die frische Luft hinaus, als merkten sie, welche freudige Botschaft sie zu überbringen hätten.

Theodor wollte die Reise nicht schnell genug gehen, immer trieb er die Andern zur Eile an, und es schien ihm, als habe er Mitschuld an jedem Augenblick, den Benvenuto noch in seinem Elende leben müsse.

Endlich kamen sie in Florenz an, und da eben Rathstag war, so wurden sie bei der obersten Behörde vorgelassen.

Wer vermöchte mit Worten die Reue und das Staunen zu malen, das sich bei Theodor's Erzählung auf allen Gesichtern der Senatoren kund gab; sie wuß- ten nicht einmal, daß Benvenuto noch lebe, indem der bei der Folter anwesende Arzt erklärt hatte, daß wohl

— 147 —

kaum ein menschlicher Körper alle Martern überleben
könne, die der Unglückliche hatte erdulden müssen.

Sie erkannten den Diamanten, der allein der Stadt
gehörte, indem das Gold zu dem übrigen Werke Ben=
venuto herbeigeschafft hatte, als den ihrigen; die kunst=
reiche Arbeit wurde allgemein bewundert und der eiligst
herbeigerufene Vorsteher der Goldschmiedeinnung erklärte,
daß ein solches Kunstwerk noch niemals aus der Werk=
stätte irgend eines Goldschmieds hervorgegangen sei.

Der Senat beschloß, das Haus, welches vorher
Benvenuto besessen hatte, und das ihm mit seinem übri=
gen Vermögen genommen worden war, so viel als mög=
lich in seinen frühern Zustand versetzen zu lassen, es
zurückzugeben, Benvenuto in seiner frühern Eigenschaft
als Prägemeister der Münze wieder einzusetzen und seine
Unschuld durch einen Herold öffentlich in den Straßen
der Stadt ausrufen zu lassen.

Es wurde ferner beschlossen, daß demjenigen, den
man vor Kurzem gefoltert, mit Schmach überhäuft, zu
Grunde gerichtet und aus der Reihe der Bürger ge=
strichen hatte, nunmehr das Diplom als Ehrenbürger
ausgefertigt und durch den Senat selbst im feierlichen
Zuge übergeben werden sollte.

Zehntes Kapitel.

Abschied der Freunde.

Es war um die Zeit des Mittags, als Benvenuto
und seine Leidensgefährtin von einem einfachen Mahle
aufstanden. Wohl einfach war die Mahlzeit gewesen,
doch immer noch unendlich besser, als die schlechten
Speisen, die bisher so lange Zeit ihre einzige Nahrung
ausgemacht hatten.

10*

Nach herzlichem Dankgebete lehnte sich Benvenuto an das Fenster und starrte trübselig in die Ferne; seine Gattin hatte indeß den Tisch abgeräumt und stellte sich an seine Seite und schaute ihn lange zärtlich wehmüthig an. Ach! vor einem Jahre, da standen sie eines Tages ebenso beisammen an einem Erker ihres schönen und bequemen Wohnhauses; grenzenlos glücklich umschlang Benvenuto damals seine Frau und rief: „Gott hat dich mir gegeben, und kämen auch die ärgsten Drangsale über mich, ich wollte geduldig ausharren, wenn du an meiner Seite bist!" Seither war nur ein Jahr dahingegangen, und ach! wie sehr waren diese prophetischen Worte in Erfüllung gegangen! Wie damals schlang Benvenuto den Arm jetzt um seine Gattin, blickte zum Himmel und sprach: „Ich danke dir, himmlischer Vater, daß du mir diese gelassen, mögen auch nach deinem göttlichen Rathschlusse noch mehr der Leiden kommen, an der Seite meiner theuern Gattin werde ich sie standhaft ertragen."

Zum ersten Male nach langer Zeit fühlte er wieder Lust zum Bilden in sich, doch ach! wo sind die Geräthschaften, die einst so freudig dem schaffenden Genie des Meisters zu Gebot standen?

Ein Stück frisches Brod lag vom Mittagsmahle noch auf dem Tische, er nahm es und wollte so eben versuchen, ob er die alte Kunst noch nicht verlernt habe, als ein seltsames Getöse die Straße herauftönte, — ist es wohl Aufruhr? dachte Benvenuto; ach, ich habe kein Schwert und keinen starken Arm mehr, es zu schwingen.

Verworrener Lärm, wie wenn sich viele Menschen näherten, ward von der Straße herauf hörbar, doch der Meister war der Welt abgestorben, blickte nicht von seiner Arbeit auf und war ganz vertieft in diese.

Seine Frau aber wurde aufmerksam; sie stand von der Näharbeit auf, mit welcher sie beschäftigt war, und trat an's Fenster, um durch die fast undurchsichtigen Fensterscheiben hinabzusehen. — „Was kommt da für ein langer Zug?" rief sie, „es sind die Rathsherren, es ist der Bürgermeister, der ganze Senat, der Pddesta der Stadt an der Spitze, was wollen sie doch in diesem engen Winkel, wo nur auf die höchsten Dachstuben das Licht der Sonne fällt?"

Doch schon tönte es die Treppe herauf wie der langsame, feierliche Gang vieler Menschen; sie flüchtete sich zu ihrem Manne und umfaßte ihn, als fürchtete sie neue Gewaltthat für den kaum Genesenen.

Da that sich die Thüre auf, und herein traten die Mitglieder des Senates, der oberste derselben, früher oft stundenlang bei Benvenuto, seiner kunstreichen Arbeit oft mit Wohlgefallen zusehend, schaute wie suchend im Zimmer herum, den er hatte sich Benvenuto wohl vorgestellt, wie er in jener Zeit war, wo er fröhlich in der Werkstatt saß und munter arbeitete.

„Wo ist der Goldschmied Benvenuto?" fragte er die Frau; da erhob sich der Genannte in seiner vollen Größe von seinem Sitze, blickte umher im Bewußtsein seiner Unschuld und sprach: „Hier bin ich, Herr! was wollt ihr von dem falsch Angeklagten, wollt ihr euere Qualen gegen den Schuldlosen erneuern oder ihm ein Sterbeplätzchen in einem euerer Kerker anweisen?"

Erstaunt blickte der Rathsherr auf Benvenuto, den er nicht mehr gekannt hatte, nahm das Wort und sprach: „Viellieber Meister! euere Unschuld ist nun endlich an den Tag gekommen, der Diamant hat sich gefunden und eure Schuldlosigkeit an seinem Verluste wird noch heute öffentlich verkündet werden." — „Und hier," fiel ein Anderer ein, „reicht euch Florenz durch mich das Diplom als Ehrenbürger und setzt euch zugleich in den Wieder-besitz eures früheren Wohngebäudes und eurer früheren Anstellung als Prägemeister ein; auch soll euch euer ganzer Verlust und all euer Leiden ersetzt werden."

„Alle?" sprach Benvenuto schmerzlich lächelnd, indem er auf das Gesicht seiner Frau und auf seine eigene abgemagerte Gestalt sah und mit den Fingern durch seine in jugendlichem Alter ergrauenden Locken fuhr; lein

schwerer Seufzer tönte aus seinem Herzen, und noch ein
Mal klang es matt und wehmüthig von seinen Lippen:
„Alle?"

Doch schon drangen jetzt Theodor und Doktor Carli
auf ihn ein, und unter ihren zärtlichen Umarmungen
vergaß er seine erlittenen Leiden.

Ernst und würdevoll machte er sich aus ihren Ar=
men los, trat vor den Senat, der noch immer im Stüb=
chen stand, und sprach: „Herzlich danke ich dem All=
mächtigen, daß er meine Unschuld an den Tag kommen
ließ, bevor ich zur Leiche wurde und die Straßenjungen
von Florenz meinem einsamen Sarge nachriefen: „Hier
trägt man den Dieb, der die Stadt um einen unge=
heuern Werth bestohlen hat!" Fortan will ich meine
Kräfte, so viel noch in diesem schwachen Körper geblie=
ben sind, auf's Neue dem allgemeinen Besten weihen
und suchen, euer wieder gewonnenes Vertrauen ferner
zu verdienen."

Er schwieg; langsam schritt jedes Mitglied des
Senates auf ihn zu, jeder drückte ihm die Hand, und
langsam entfernten sie sich hierauf, indem sie wohl bei
sich bedachten, daß alle menschliche Macht einmal Ge=
schehenes nicht zu ändern vermöge.

Als der Doktor, Theodor und Georgis mit Ben=
venuto und seiner Frau nun allein waren, fragte letztere,
wie aus einem Traume erwachend, ob dieses Alles denn
Wirklichkeit und wie es gekommen wäre?

Theodor erzählte nun und wollte auch des Aner=
bietens Georgis' erwähnen, der versprochen hatte, mit
seinem Vermögen dem Leidenden nach Kräften beizu=
stehen, doch Jener flüsterte: „Was die rechte Hand thut,
soll die linke nicht wissen, stille, stille, wenn wir gute
Brüder bleiben sollen."

„Als die Erzählung vollendet war, da sprach der
Goldschmied: „Habe Dank, du guter Gott, daß du es
gefügt hast, daß meine Unschuld durch die Hände dessen,
den ich auf der Welt am meisten ehre und liebe, an den
Tag gekommen ist! — Jetzt aber lebt wohl, ich bin zu

sehr angegriffen, ich bedarf der Ruhe und kann, wie es doch mein Wunsch wäre, nicht länger bei euch sein."

Sie schieden, doch an der Thüre hielt sie Trompetenschall auf; sie eilten in das Zimmer zurück und führten Benvenuto an das Fenster; ein Herold, von einem Trompeter begleitet, verkündigte laut der Stadt und ihren Bewohnern die Unschuld des Goldschmiedes.

Er begleitete sie trotz seiner Schwäche die Treppe hinab und fand seine Thüre mit Blumen und Laubgewinden geschmückt, sie führten ihn zurück, und überwältigt von so großer Aufregung sank er auf das Lager, um sich von so vielen gewaltigen Eindrücken zu erholen.

Diesen und die folgenden Tage hatten die drei Freunde genug zu thun, um seine frühere Wohnung wieder in Stand zu setzen, und während der Doktor und Georgis die öden Zimmer wieder mit Möbeln und Betten füllten, malte Theodor ein kleines, aber höchst geistreiches Bild.

Ergreifend stellte es den Augenblick dar, wie sie in stiller Mitternachtsstunde beim rothen Scheine der Fackeln in den Ruinen eines heidnischen Tempels das verhängnißvolle Schatzkästlein fanden. — Er konnte nicht umhin, sich bei dem Malen des Bildes dem Gedanken zu überlassen, wie im Menschenleben sich Alles so wunderbar fügt; ein Diamant, dachte er, leitete meinen Freund auf seine Laufbahn, ein Diamant brachte ihn in fürchterliche Noth, und ein Diamant führte ihn jetzt wieder in seine früheren Verhältnisse zurück.

Als Alles vorbereitet war, führten sie Benvenuto und seine Frau wieder in ihr Eigenthum ein, lächelnd eilten diese durch die wohlbekannten Räume und schwelgten in der Erinnerung einer frühern Zeit. Noch vierzehn Tage blieben die Freunde beisammen, während welcher sich Benvenuto vollkommen erholte, und als die Rosen auf den Wangen seiner lieblichen Frau wieder zu blühen begannen, da standen eines Morgens zwei Reitpferde, gesattelt und gezäumt, vor der Thüre und stampften ungeduldig den Boden. Die beiden Freunde traten auf

ben Golbſchmieb zu, um Abſchieb von ihm zu nehmen.
Ein bitterer Abſchieb war es, boch Trennung iſt unſer
Aller Loos, Wiederſehen unſere Hoffnung! „O könnte
ich euch eure Liebe vergelten," ſprach Benvenuto. „Lebe
wohl!" riefen Theobor unb Georgis, „unb wenn wir uns
nicht mehr ſehen auf bieſer Welt, unb bu früher als
wir von ber Erbe ſcheiben ſollteſt unb an Gottes Thron
beine Erbenleiben vergiſſeſt, ſo flehe auch bort für uns,
bu Geprüfter unb Bewährter!"

Noch eine Umarmung ber eblen Freunbe, bann
ſchwangen ſie ſich auf bie Roſſe unb im raſchen Trabe
ber Pferbe ging es zum Thore hinaus.

Wehmüthig ſah Benvenuto ihnen nach, bittere Thränen weinte ſeine Frau, er aber ſprach nach ſeiner Weiſe
vor ſich hin: „Wie ein ſchöner Traum, ber leiber ver-
ſchwunben iſt, ſinb bie Jahre ber Vergangenheit, ber
Jugenb, hingegangen. Noch ſehe ich im Geiſte ben Abſchieb von zwei fröhlichen Jünglingen am Geſtabe von
Neapel; abermals haben Beibe Abſchieb genommen, boch
ber Eine iſt jetzt ein gebeugter, lebensſatter Mann, ber
Anbere aber noch immer jugenblich, in voller Lebens-
friſche prangenb. Die alte Zeit iſt hin, Niemanb bringt
ſie zurück, kein Seufzer unb keine Klage; eine neue Zeit
ſteigt empor, boch auch ſie ſoll ben Mann in mir finben,
wie ihn bie vergangene gefunben!"

Ein zweiter Abſchieb folgte balb bem erſten. Am
Borbe eines nach ben Nieberlanben beſtimmten Schiffes
ſtanben Theobor unb Georgis; ſie konnten ſich kaum
von einanber trennen; hatten ſie ſich boch ſo lieb ge-
wonnen, als es nur immer menſchliche Seelen im
Stanbe ſinb.

Theobor wollte ber Heimath zu, Georgis aber ſein
großes Waarenlager noch verkaufen unb ſobann nach
bem Morgenlanbe zurückkehren, um bort neue vielfache
Hanbelsverbinbungen anzuknüpfen.

Balb bonnerten bie Kanonen bes Schiffes zum Ab-
ſchiebe, ba riß ſich Georgis von bes Freunbes Herzen:
„Lebe wohl!" ſchallte es hier, „lebe ewig wohl!" tönte

es dort. Georgis stieg in sein Boot, sechs rüstige
Ruderer führten es Neapel zu; hier wurden indeß die
Anker aufgewunden, die Segel blähten sich; „Glück
auf! zur Heimath geht ihr Flattern!"

Eilftes Kapitel.

Wiedersehen.

Wer eine Reise thut, der bete zum Himmel, die
Seinigen zu Hause alle gesund wieder anzutreffen; so
dachte Theodor an einem frischen Augustmorgen, als er
an der Hospitalpforte in der Hauptstadt stand und nach
Wibolf fragte.

„Der ist schon vor zwei Jahren gestorben," tönte
die matte Stimme des jetzt auch alt und hinfällig ge=
wordenen Pförtners. „So führt mich denn zu seiner
Gruft," bat Theodor.

Bald stand Theodor an seinem Hügel. Vielleicht,
dachte er, schaut er nun mit seinem Kriegsgefährten, dem
wackern Lanzknechte, fröhlich vom Himmel herab und
freut sich über seinen ehemaligen Freund, der so dank=
bar seiner gedenkt; vielleicht betet er dort an Gottes
Thron, mit keiner irdischen Rückerinnerung mehr im
Herzen und sich des Glückes erfreuend, jetzt an des
Seraphs Seite Gott anschauen zu dürfen.

Noch eine Thräne weihte Theodor dem Andenken
des edlen Wibolf's, dann war sein nächster Gang zu
seinem ehemaligen Meister, zu Rogier. Wohl lebte die=
ser noch, doch nur ein Pflanzenleben; er aß noch und
trank noch, aber die Arbeitslust, die Spannkraft und
Elasticität des Geistes waren verschwunden.

Er zeigte Freude über Theodor's Besuch, meinte
aber, auf dem Bilde, welches dieser einst Johann gemalt

und welches die Gerichte von Neapel mit der übrigen Hinterlassenschaft seines Bruders an ihn gesandt hatten, seien die Farben viel zu dick aufgetragen.

Er lud Theodor zum Essen ein, und als dieser ihm erzählte, wie er im Morgenlande gewesen, da meinte der Alte: „Nun, das Morgenland ist auch eine schöne Stadt." Traurig schaute Theodor ihn an und dachte, wenn das Alter und die Jahre bei sonst so Klugen und Verständigen eine so große, aber traurige Veränderung hervorbringen können, so wäre es ja besser, sie würden früher von Gott abgerufen, als diese Umwandlung eintritt.

Mir ist es fast lieber, fuhr er in seinen Gedanken fort, den guten, lieben Wibolf im Grabe zu treffen, als auf solche Weise wiederzufinden; aber ich will doch auch sehen, ob er auch seine alte Lieblingsneigung ver=gessen hat.

Er holte unter diesen Gedanken eine herrliche Ta=bakspfeife mit einem Mundstücke von Bernstein aus der Tasche und übergab sie Rogier, und dieser betrachtete dieselbe langsam und mit neugierigen Augen, stopfte sie aber endlich und fing mit Wohlbehagen zu rauchen an.

Da schien es, als ob sich plötzlich die theilnahms=losen Züge des Greises belebten; er erhob sich und sprach: „Ei, bist du wirklich Theodor, mein lieber Schüler? Wie bist du so groß geworden und so stark, komm in meine Arme; o verzeihe, daß der alte Rogier sich geändert hat!" Er drückte Theodor nun an sein Herz, doch bald ließ er ihn wieder los, seine Züge sanken in die alte Stumpfheit zurück, ihr erst so fröh=licher, glänzender Ausdruck erlosch, und er schien für nichts mehr Theilnahme zu empfinden, als für seine Pfeife.

Seiner Gefühle nicht mehr mächtig, ergriff Theodor das Barett, stürzte zur Thür hinaus und ließ im Vor=zimmer seinen Thränen freien Lauf. Da kam die Haus=hälterin, noch immer die alte, rührige Matrone, welche die zerstörende Zeit verschont zu haben schien; mit herz=licher Liebe empfing sie Theodor, und bald kam das

Gespräch auf Meister Rogier: „Ach, mit diesem," äußerte
sie, „ist es gar nichts mehr, täglich wird er kindischer,
und der Arzt meint, er treibe es nicht mehr lange; malt
er doch schon seit der Zeit, wo der alte Wibolf gestor=
ben, keinen Strich mehr."

Lebhaft nahm Theobor, dem es in den weiten Ge=
mächern fast zu enge war, Abschied von der guten
alten Frau, warf sich auf sein Pferd und ritt der Hei=
math zu.

Durch das Thor des Städtchens führte ihn wieder
der Weg, wo ihn einst der fromme Spruch des Alten
so wunderbar ermuntert hatte. Dieser saß aber auch
nicht mehr auf der Steinbank in der Mauernische: zwei
fröhliche Kinder saßen jetzt auf dieser Stelle und spielten
mit einem Hunde.

Der Alte wird auch gestorben sein, dachte Theobor
und ritt nach kurzer Rast im Städtchen durch die wohl=
bekannten Waldungen der Heimath zu.

Niemand hatte ihn im Städtchen, das er früher
an des Vaters Seite oft besucht hatte, mehr erkannt,
und auch er hatte sich nicht zu erkennen gegeben. Wohl
hatte er die Frage, ob seine Eltern, seine Schwester noch
lebten, dutzendmal auf den Lippen, doch er fürchtete sich
vor der Antwort; es war ihm, als könne er dieselbe
nicht ertragen; er schwieg und wollte sich mit seinen
eigenen Augen überzeugen.

Er bog um die Ecke des Waldes, und da lag in
alter Ruhe und Traulichkeit das friedliche Försterhaus
mit den großen Hirschgeweihen vor ihm! Er stieg ab,
band sein Pferd an die links der Hausthüre stehende
Tanne, an welcher er einst seine Kletterübungen vorge=
nommen hatte, und trat in das Haus.

Es sah so einsam aus, als wäre es ausgestorben;
sein Herz drohte ihm fast in der Brust zu zerspringen,
er ging die wohlbekannte Treppe hinauf, rechts lag die
Wohnstube, er zitterte, so daß er sich an der Wand
halten mußte; da erscholl drinnen lautes fröhliches Lachen,
er ermannte sich und klopfte kräftig an die Thüre.

Eine Centnerlast fiel von seinem Herzen, als drinnen eine laute kräftige Baßstimme, die er sogleich an ihrem alten lieben Laut für die seines Vaters erkannte, rief: „Nur herein, nur herein!"

Er öffnete die Thüre nnd schritt bis in die Mitte des Zimmers vor; Niemand erkannte ihn, der Vater aber stand auf und sprach: „Was beliebt, mein Herr?" — Da hielt sich Theodor nicht mehr; „Vater!" tönte es von seinen Lippen. „Wie, du mein Theodor?" fragte dieser und sah ihn näher an; „er ist es!" rief er nun aus und lag in den Armen seines Sohnes. Da kam auch die Mutter, da kam die Schwester, und o, wer möchte die Freude des Wiedersehens dieser guten Menschen nach so langer Abwesenheit beschreiben!

„Daß du nach Palästina gereist bist," sagte der Vater endlich, nachdem einige Ordnung in's Gespräch gekommen war, „habe ich aus einem Briefe von dir ersehen, den ich erst vor vier Wochen erhalten. Nun habe ich dich aber selbst wieder, mein einziger Sohn!"

So und noch mehr redete der alte, von der Freude fast verwirrte Förster durcheinander, und Theodor fühlte jetzt, daß er im Elternhause sei. Seine Mutter war indessen zur Matrone geworden, die aber noch vollkommen rüstig war, und seine Schwester Rosalia zu einer schönen, fröhlichen Jungfrau herangewachsen.

Von den alten Jägerburschen seines Vaters saßen noch zwei am Tische, die ihm ihre lebhafte Freude, ihn wiederzusehen, zu erkennen gaben. „Erinnert Ihr Euch, Herr Theodor!" sagte der Eine, „nicht mehr jenes Schuhmachergesellen, dem Ihr einstens Euern Hasenbraten zu essen gabt; er hat in Beherrschung seiner Begierden gute Fortschritte gemacht und ist jetzt der erste Schuster im Städtchen drinnen und ein sehr braver Mann."

Der Vater war in die Kammer gegangen, um dort Gott zu danken, die Mutter in die Küche, um dem hungrigen Gast ein Mahl zu bereiten, die Schwester in den Keller, um einige Flaschen Weines heraufzuholen, als sich im Wohnzimmer eine Scene ereignete, die wohl werth ist, beschrieben zu werden.

Drei große Hunde von verschiedenem Alter kamen herbei; der eine fing in dumpfen Tönen zu bellen an und sprang an Theodor hinauf; das war der alte Sultan der Großvater der übrigen beiden; er war mit Theodor auferzogen worden und seine Lebenslampe jetzt dem Erlöschen nahe.

Der zweite, den Theodor nach vollendeten Lehrjahren angetroffen, und den er einst auf allen Spaziergängen mit sich geführt hatte, sprang an ihm hinauf und bellte, daß das ganze Haus wiederhallte; das war der kräftige Sohn, der in der vollen Kraft des Lebens stand.

Der kleinste unter den Hunden sprang und taumelte über die übrigen hin und mischte seine seine Fistelstimme unter die kräftigen Töne der übrigen; das war der Enkel im kindischen Alter.

Alle lachten, und Theodor stand noch immer in der Mitte der Stube, da kam der Vater aus der Kammer zurück und brachte seinem Sohn einen Stuhl, die Mutter brachte Kuchen, die Schwester Wein, und bald saßen Alle fröhlich in Gott vergnügt um den Tisch. Es wurde Nacht, und sie merkten es nicht, hatten sie doch keinen von Theodor's Briefen erhalten; es wurde Morgen, und noch immer erzählte Theodor vom ewigen Rom, von der Meeresfahrt, vom gelobten Lande und Jerusalem, vom Kampfe der Seeräuber, von Georgis, von Johann und Benvenuto, und beantwortete die Menge der an ihn gestellten Fragen.

Diesen Tag blieb er bei seinen lieben Eltern, und erst am darauffolgenden brach er nach dem Kloster auf. Noch lebte dort der treffliche Cölestin, noch lebte der fromme und gelehrte Abt, noch hing rein und wohlerhalten, eine wahre Augenweide, sein Gemälde im Speisesaale, und auch seinen Freunden wollte die Zeit zu kurz werden, als er ihnen seine Erlebnisse einfach und schmucklos erzählte. — Zwei Tage blieb er in dem Kloster, dann aber kehrte er in das Vaterhaus zurück.

Nach einem Monate sprach er eines Tages zu sei=
nem Vater: „Ich will wieder aufbrechen in die Haupt=
stadt, vielleicht könnte ich Meister Rogier sein Eigenthum
abkaufen und dort meinem mir von Gott bestimmten
Berufe leben und mich häuslich niederlassen."

Alle billigten seinen Wunsch, ja der Abt bot ihm
gegen geringe Zinsen Klostergelder an, um den Kauf,
wenn derselbe zu Stande käme, bestreiten zu können.

Anstatt Meister Rogier selbst traf aber Theodor in
der Hauptstadt nur noch dessen Grab an; er war we=
nige Wochen nach Theodor's Besuch sanft und selig im
Herrn entschlafen. Da er sein ganzes Besitzthum seiner
alten Haushälterin testamentarisch vermacht hatte, diese
aber sich einsam in dem großen Hause fühlte, so war
sie gleich bereit, unter den Bedingungen freie Wohnung
für ihre noch übrige Lebenszeit das Haus an Theodor
abzutreten. Da dieser Niemand hatte, der ihm sein
Hauswesen führen konnte, indem seine Schwester zu
Hause unentbehrlich war, so bat er die Alte, ihm fer=
nerhin, wie früher Rogier, die Haushaltung zu führen,
was dieselbe auch mit Freuden einging.

Zwölftes Kapitel.

Eine Hochzeit.

Bald hatte Theodor sich vollständig eingerichtet, und
da die Alte ihm alles, was Meister Rogier besessen,
überließ, so konnte er bald seine Thätigkeit beginnen.

Nicht lange dauerte es, so drängte sich auch Arbeit
an Arbeit, und Jeder wollte ein Bild von seiner Hand
haben. Theodor dachte jedoch oft an Archibald, dem es
einst ebenso ergangen war, er ließ sich von dem gleichen=

den Schimmer nicht fortreißen, und nur der edelsten, der schönsten Aufgabe der Kunst, der Verherrlichung Gottes, war fortan sein Pinsel geweiht. Er malte für Kirchen bestimmte Bilder um den halben Preis und dachte: „Gelingt es mir, auch nur eine Seele zu rühren, so ist mir mein Bild hinlänglich bezahlt."

Oft besuchten ihn seine Eltern und freuten sich seines Glückes, er blieb aber auch stets rechtschaffen und tugendhaft; niemals wurde er durch die Ehrenbezeugungen, mit welchen man ihn überschüttete, eitel und stolz, und stets war er gegen Jedermann liebreich und freundlich. So war er allmälig 30 Jahre alt geworden; seine Haushälterin klagte täglich mehr über gehäufte Arbeit und lag ihm immer mit dem Wunsche an, sich in Bälde um eine Frau umzusehen.

Im Gäßchen hinter Theodors Hause lag die Wohnung eines alten Glasmalers, einer Kunstgattung, die zu damaliger Zeit bereits unter die fast gänzlich verloren gegangenen gerechnet wurde. Seine Tochter galt für das beste, sittsamste Mädchen weit und breit. Oft schon hatte dies Theodor vernommen und stets mit dem Beisatze: das gute Kind werde wohl keinen Bräutigam finden, indem ihr der Vater gar keine Aussteuer mitzugeben im Stande sei.

Er sah Maria, wie sie hieß, einmal bei seiner alten Haushälterin, ihre verständige Art der Rede, ihr ächt weibliches Benehmen ohne Ziererei und eitle Gefallsucht, sprachen ihn so an, daß er zu sich selbst sagte: „diese hat mir vielleicht Gott bestimmt!"

Doch bevor er weitere Schritte that, zog er noch gar manche Erkundigungen ein, denn er sah die Wichtigkeit eines solchen für das ganze Leben geltenden Schrittes zu wohl ein, als um sich blindlings den Eingebungen einer flüchtigen Minute zu überlassen.

Aber alle sprachen das Lob der guten Maria aus. Niemand war der ihr übel wollte. So ging denn Theodor hinüber in das enge Gäßchen und traf den alten Glasmaler Werner so eben vor dem Schmelzofen be-

schäftigt, überrascht verließ derselbe, über den unvermu=
theten Besuch fast bestürzt, die lohende prasselnde Flamme
und fragte nach dem Begehren seines Gastes.

Dieser, um nicht gleich mit der Thüre in's Haus
zu fallen, sagte, daß er gekommen sei, um sich ein oder
das andere mit Malereien gezierte Trinkglas zu kaufen.
Damals war nämlich die edle Kunst der Glasmalerei
von ihrem ihr gebührenden Standpunkte, als Schmuck
der Fenster in Kirchen, Schlössern und stattlichen Pri=
vatwohnungen, schon so weit heruntergekommen, das man
sie nur mehr als Schmuck der Trinkgläser zu gebrauchen
pflegte. Der alte Meister führte Theodor zu den auf=
gestellten Gefäßen, setzte bei Seite was im Ofen etwa
einen Makel erlitten und erklärte mit immer steigendem
Eifer, wie und warum die mancherlei Blumen und Or=
namente so angebracht worden seien. Theodor hörte es
mit Verwunderung und die eigentliche Absicht, in wel=
cher er gekommen, fast vergessend, rief er aus:

„Meister! ich verstehe mich auf Kunst. Wie kommt
es, daß ihr, der Ihr solche Einsicht, so tiefe Begriffe von
ihr habt, nur dürftigen Unterhalt gewinnt und kein be=
gehrter und berühmter Künstler seid?"

Des alten Mannes bleiche Wangen färbte ein lei=
ses Roth und sein Auge leuchtete, als er nun erzählte,
wie er in seiner Jugend bei den berühmten Brüdern
Crabet die Glasmalerei erlernt, und mit ihm die fünf=
unddreißig Fenster in der Johanniskirche zu Gouda in
den Niederlanden gemalt, welche ein unvergängliches
Denkmal von Geduld, Kunst und Ausdauer bleiben wer=
den. Im Laufe der Zeit und der Kriege, welche das
Volk und den Geschmack verderbten, kam diese herrliche
Kunst immer mehr in Vergessenheit. Die Künstler sel=
ber verließen den Schmelzofen, in dem jede, auch die
kleinste Arbeit mühvoll aufgeschmolzen werden muß, und
der in einem Augenblicke oft die Frucht monatelanger
Mühe und Arbeit vernichtet. Sie wandten sich der
leicht, fast spielend zu übenden Oelmalerei zu, doch ich
hielt aus, trotz allem Ungemach, das nach und nach, bei

immer mehr sich mindernben Aufträgen in Mangel und Noth, mich überfiel *).

Doch wie erstaunte nun der gute Alte, als ihn Theodor um die Hand seiner Tochter und zugleich um Erlaubniß bat, diese herbei rufen zu lassen.

Der Alte war vor Freude fast außer sich; er gab recht gerne seine Einwilligung und theilte Theodor mit, wie dieses schon lange sein innigster Wunsch gewesen, er aber nie geglaubt, daß er je erfüllt werde.

In diesem Augenblicke trat die Herbeigerufene selbst schüchtern und mit niedergeschlagenen Augen in das Gemach, und als sie vernahm, daß Theodor um ihre Hand gebeten und ihr Vater seine Einwilligung dazu gegeben habe, und Theodor sie nun selbst fragte, ob sie seine Gattin werden wolle, da wußte die Gute kaum, wie ihr geschah, und zitternd und mit leiser Stimme sprach sie das „Ja" aus!

Dreizehntes Kapitel.

Schluß.

Wir übergehen die Feierlichkeiten der Hochzeit, welche im Waldhause in der Heimath abgehalten wurde, und wo Pater Cölestin hocherfreut den priesterlichen Segen über das geprüfte Paar aussprach, und fügen nur noch bei, daß Theodor nie Ursache hatte, seine Wahl zu be-

---

*) M. S. Frank geb. 1770 zu Nürnberg, war der erste, der 1808 die alte Glasmalerei in unserm Jahrhundert wieder zu Ehren zu bringen suchte. — König Ludwig von Bayern führte diese nicht genug zu schätzende Kunst vollständig wieder in's Leben ein. Ein schönes Denkmal ihrer neuerwachten Thätigkeit, sind die 19 Fenster der Auerkirche in München, Scenen aus dem Leben der Maria vorstellend.

Neuhofer's Leben ꝛc. 3. Aufl.　　11

reuen, und in seiner Gattin stets die frömmste, tugend=
hafteste und treueste Frau besaß.

Von Benvenuto erhielt er mehrere Male in seinem
Leben Nachricht; er lebte glücklich und zufrieden an der
Seite seiner gleich ihm einst so hart geprüften Frau und
wie ein Heiliger von seinen Mitbürgern geehrt und geliebt.

Wir erwähnen der Hochzeit von Rosalia, Theodor's
Schwester; sie heirathete einen trefflichen Jägersmann,
der den Dienst des alten Bertholb versah und nach dessen
Tode die Stelle bekam.

Der alte Berthold erreichte ein Alter von fast neun=
zig Jahren und verschied sanft und selig im Herrn, nach=
dem er seine Frau wenige Jahre überlebt hatte.

Schon nahte sich Theodor's achtundfünfzigstes Le=
bensjahr, und nie hatte er seit jenem Abschiede auf der
Küste von Neapel Nachricht von Georgis erhalten.

Eines Abends trat ein Pilger in seine Wohnung,
und brachte ihm aus einem Kloster Jerusalems einen
langen Brief, in welchem die von Theodor so sehr er=
wünschten Nachrichten von Georgis enthalten waren,
allein sie waren nicht von der Art, daß sie Freude in
Theodor's Herzen erwecken konnten.

Georgis hatte, von Neapel in die Heimath zurück=
gekehrt, seine großen Handelspläne mit dem besten Er=
folge durchgeführt, und große Summen Geldes wurden
jährlich von ihm angewandt, gefangene Christensklaven
loszukaufen und sie wieder in die Arme der ihrigen in
ihre Heimath zurück zu senden.

Eines Tages zog er von vier seiner Diener beglei=
tet, die gleich ihm das Christenthum bekannten, mit einer
Caravane durch die Wüste, da begann plötzlich der
glühende Samumwind zu wehen. Alles eilte, so schnell
es sein konnte, eine nicht gar zu entfernte Oase zu er=
reichen, doch Ströme glühenden Sandes hüllten die Ca=
ravane ein, und sie fiel der Wüste Brand zum Raube.
Doch Georgis glückte es, mit seinen Dienern die Oase
zu erreichen, auf welcher einst im Alterthume ein dem
Jupiter Ammon geweihter Tempel gestanden hatte.

Georgis dankte herzlich Gott für seine und seiner Diener fast wunderbare Rettung, er flehte zu Gott für die Seelen der Gefallenen und als er sich vom Gebete erhob, rief er in arabischer Sangesweise seinen Dienern zu:

> Laßt eure Pferde grasen,
> Wir ziehen nicht weiter diese Nacht,
> Dieß ist die grünste der Oasen,
> Im gelben Sandmeer glänzt ihr Rasen,
> Als wie in Mitte von Topasen,
> Ein einz'ger funkelnder Smaragd.

Indessen war es Nacht geworden; dichte Finsterniß bedeckte die Wüste, da erwachte Georgis, fürchterliche Todesangst ergriff ihn, er sprach zu einem seiner Diener, der neben ihm lag: „Es scheint mir, als ob ich diesen grünen Fleck der Wüste nicht mehr verlassen sollte, als ob hier mein Grab sein werde; sollte meine Ahnung in Erfüllung gehen, so versprich mir, meinen Tod meinem weit entfernten Freunde zu melden; du kennst ihn ja, denn du warst mit mir in Neapel.

„In nächsten Jahre wollte ich ihn, wenn ich noch lebte, in Europa besuchen, um meine Tage an seiner Seite zuzubringen, doch ich fühle, Gott hat es anders über mich beschlossen, und ich werde diesen Ort lebend nicht mehr verlassen."

Der Diener wollte ihn trösten, doch vermochte er es nicht, er legte sein müdes Haupt wieder auf den Sattel seines Pferdes, der ihm zum Kissen diente, und schlief bald wieder ein.

Doch Georgis betete die ganze Nacht aus der Fülle seines gottliebenden und gottbegeisterten Herzens.

Am Morgen zeigten sich in der Ferne bewaffnete Beduinen eines feindlichen Stammes; ihre scharfen Augen entdeckten Georgis und seine Diener, bevor diese sich verbergen oder fliehen konnten; sie fielen über sie her, und obwohl sich jene tapfer wehrten, so waren bald drei der treuen Diener erschlagen, und ein Pfeil zischte in den schlanken Hals Georgis und öffnete die Kanäle des Le-

11*

bens, so daß er mit dem lauten Rufe: „Mein Gott, o mein Gott, verlaß mich nicht!" vom Pferde sank.

Der einzige überlebende Diener, eben jener, dem Georgis in der Nacht seine bangen Ahnungen mitgetheilt hatte, wurde ergriffen, als Sklave fortgeführt, und erst nach jahrelanger Knechtschaft gelang es ihm zu entfliehen.

Seit dem Verluste seines trefflichen Herrn des Lebens satt begab er sich in ein Kloster zu Jerusalem, um dort seine Tage zu beschließen: doch der letzten Worte Georgis gedenkend hatte er einen des Schreibens kundigen Mönch gebeten, die Erzählung von Georgis Schicksalen niederzuschreiben und ihm das Versprechen abgenommen, sie dem ersten europäischen Pilger mitzugeben.

So lautete das Schreiben, das Theodor erhielt; wohl bewirthete er den Pilger reichlich und gastfrei und entließ ihn reich beschenkt; doch niemals entschwand das Gedächtniß des Freundes seinem Geiste, und oft erinnerte er sich mit Wehmuth an ihn, den er auf dieser Welt noch einmal zu sehen noch immer gehofft hatte.

Viele Jahre lebte Theodor noch an der Seite seiner tugendhaften Gattin, und als es einst an's Scheiben ging, geschah es mit dem Bewußtsein, daß sie bald wieder dort zusammen kämen, wo Friede thront und die Siegespalme lohnt.

Durch Tod zum Leben! durch die Thränenthale,
Der Erde, durch das Distelfeld
Des Lebens hoch hinauf zum großen Abendmahle,
Zur Herrlichkeit der bessern Welt.

Lohn des Fleißes

herauszugeben.

Eine Auswahl von **20** der neuesten Bändchen aus unsern Abend-Unterhaltungen für Jugend- und Familienkreise, für Schul- und Leihbibliotheken, Gesellenvereine, Preisbücher, Weihnachtsgeschenke ꝛc.
Preis zusammengenommen **6 fl.** oder **4 Thlr.**
Das Bändchen also nur **18 kr.** oder **6 ngr.**

Inhalt und Einzelpreise:

			kr.	ngr.
1. Bdchn.	Adelmar der Tempelritter	. . . . . .	24	8
2. „	Die segensreiche Wallfahrt	. . . . . .	30	10
3. „	Frühstücke der blinden Großmutter	. . .	30	10
4. „	Adolf und Walburg	. . . .	30	10
5. „	Jugend- und Schultheater 1. Bdchn.	. .	24	8
6. „	Jugend- und Schultheater 2. Bdchn.	. .	24	8
7. „	Cecily Tyrell	. . . .	24	8
8. „	Der Morgen in der Wallfahrtskirche	. .	30	10
9. „	Großvaters Liebling ꝛc.	. . . . . .	30	10
10. „	Gott zum Gruße	. . . .	24	8
11. „	Onkel Anton	. . . .	30	10
12. „	Thomas Morus	. . . .	24	8
13. „	Der Thaljunker	. . . .	24	8
14. „	Chlotilde von Arnaud	. . . . . .	24	8
15. „	Der letzte Reichenstein	. . . . . .	24	8
16. „	Der Corsar	. . . .	24	8
17. „	Der Lenker im Himmel	. . . . . .	24	8
18. „	Hart am Abgrunde	. . . .	24	8
19. „	Die Rose von Rom	. . . .	30	10
20. „	Der Uhrenhändler	. . . .	30	10

Die frühere „neue Auswahl" von 37 Bändchen ist aber noch fortwährend zu dem e r m ä s s i g t e n Preise von 12 fl. — oder 8 Thlr. — zu haben.

Originellste Bilderbücher!

In gleichem Verlage sind erschienen und in allen Buch- und Kunsthandlungen des In- und Auslandes zu haben:

Lampart's
erstes lebendiges Bilderbuch
mit
beweglichen Figuren.

Zur Belustigung für Kinder.

Hanswurst's lustige Streiche.

Gebunden. Preis 2 fl. oder 1 Thlr. 10 Ngr.

Lampart's
zweites lebendiges Bilderbuch,
enthaltend
Staberl's Reiseabentheuer.

Gebunden. Preis 2 fl. oder 1 Thlr. 10 Ngr.

Kein Bilderbuch hat hat sich so schnell Bahn gebrochen und so großen und allgemeinen Beifall und Absatz errungen wie diese beiden. Die Kinder selbst sind die besten Rezensenten, man zeige sie daher denselben und wenn es ihnen nicht gefällt, so gebe man sie wieder zurück. Für kranke Kinder, die kaum mehr zu unterhalten oder zu trösten sind, sind sie zu diesem Zweck das beste und wirksamste Mittel. Auch zum „Theaterspielen" sind dieselben ganz besonders geeignet.

———— ∞ ————